Sunday Adelaja

Die Macht deiner Worte

Wie das, was du sagst, dein Leben bestimmt

Leuchter Edition • Charisma-Verlag

Titel der englischen Ausgabe:
Life and Death in the Power of the Tongue

Verlag: Fares Publishing House, Kiew, Ukraine (fares@godembassy.org)

Die Bibelstellen wurden überwiegend nach Luther 1984 zitiert
und der neuen Rechtschreibung angeglichen.

Übersetzung: Kurt Herborn
Lektorat: Carola Kieker
Gerhard Bially
Umschlaggestaltung: IMAGE Grafik-Design GmbH, Landsberg a. L.
Gesamtherstellung: Schönbach-Druck GmbH, Erzhausen

Bibliografische Information Der Deutschen Bibliothek
Die Deutsche Bibliothek verzeichnet diese Publikation in der Deutschen
Nationalbibliografie; detaillierte Daten sind im Internet über
http://dnb.ddb.de abrufbar.

Dieses Buch ist eine Gemeinschaftsproduktion von:

Charisma-Verlag
Bestell-Nr. 3-9803811-5-3
ISBN: 3-9803811-5-3

Leuchter Edition
Bestell-Nr. 547.256
ISBN 3-87482-256-7

Inhaltsverzeichnis

1 Wähle das Leben

Weißt du, dass das, was du über dich selbst sagst, deine gesamte Existenz bestimmen kann? Versuche einmal, dir selber zuzuhören. Was sagst du, wer du bist? Ein schwächlicher, ungefestigter, erfolgloser Pessimist? Oder ein kühner, zuversichtlicher, lebhafter, begabter Optimist? Die Aufzählung von positiven Dingen könntest du fortsetzen, denn die Liste von wundervollen Eigenschaften, die Gott in dich hineingelegt hat, ist endlos.

Manche Menschen tun sich gern selber Leid. Sie sind schnell niedergeschlagen und gewöhnlich von dem bestimmt, was andere über sie sagen. Wenn ich Leute sagen höre: „Ich habe so viele Probleme, es ist so viel Streit in meiner Familie, ich traue mich nicht zur Arbeit zu gehen, weil ich mit meinem Chef nicht klarkomme, mein Konto ist immer im Minus ...", dann weiß ich schon, in welche Richtung sie sich bewegen, wenn keine Änderung in dem, was sie über sich selber sagen, eintritt.

Wer bist du? Was sagst du über dich?

Im Lukasevangelium steht (in der alten, bekannten Übersetzung von Martin Luther): *Denn wes das Herz voll ist, des geht der Mund über (Lk 6,45).* Noch deutlicher macht es die revidierte Elberfelder-Übersetzung: *Denn aus der Fülle des Herzens redet sein Mund.*

Als ich zur Schule ging, war es normal für uns, eine Art

„akademischen Wettstreit“ auszutragen. Vor einer Prüfung fragten mich meine Klassenkameraden, wie meine Zensur ausfallen würde. Ich pflegte zu sagen, dass ich nicht mehr als dreißig Prozent der geforderten Leistung in jedem Fach erbringen könnte. Das sagte ich extra, um sie in die Irre zu leiten. Dann würden sie sich nicht allzu sehr in ihren eigenen Studien bemühen. Am Tag vor meiner Prüfung konnten sie mich Fußball spielen sehen. So schien es ihnen, dass ich kaum Zeit mit meinen Büchern verbringe. Wenn wir dann unsere Noten erhielten und sie mich danach fragten, antwortete ich ihnen – ganz gleich, wie die Resultate tatsächlich waren: „Ich bin ein Versager, schwach, unbegabt und nicht wie all die brillanten Studenten.“

Nachdem ich diese Worte oft genug wiederholt hatte, hatte ich mich selbst an sie gewöhnt. Ich wollte ganz einfach nicht, dass meine Klassenkameraden ahnen sollten, wie klug ich wirklich war. Ich hielt mich für demütig, aber in Wirklichkeit war es falsche Demut.

Was sich auf der geistlichen Ebene in unserem Leben ereignet, ist meist ein Ergebnis von dem, was wir sagen oder gesagt haben. Oft hört man Menschen lamentieren: „Herr! Was für ein Land ist das, in dem ich lebe? Was für eine Regierung ist das? Wie soll man bloß in diesem Land leben? Als ich noch zur Schule ging, war alles viel besser, aber jetzt haben sich die Dinge zum Schlimmsten gewendet. Und warum geht es mir so schlecht, bin ich solch ein Versager?“ Deine gegenwärtige soziale und wirtschaftliche Situation ist wahrscheinlich das Resultat deiner Bekenntnisse von gestern. Jede Sphäre des Landes, in dem du lebst, wird gestaltet durch das Bekenntnis ihrer Bewohner. Es besteht eine Verbindung zwischen dem, was man heute um sich herum geschehen sieht, und dem, was man in der Vergangenheit gesagt hat. „Kaum zu glauben“, wirfst du ein.

Malen Ehefrauen keine traurigen Bilder von ihren Männern oder Kindern durch das, was sie beklagen? Und sehen Ehemänner und Kinder sich nicht schließlich selbst so negativ? Erhält nicht am Ende derjenige, der negative Bemerkungen ausstreut, Ablehnung und gestörte Beziehungen?

> *... und er wird gesättigt mit dem, was seine Lippen ihm einbringen. (Sprüche 18,20)*

Deine Worte spielen eine entscheidende Rolle, welche Entwicklung dein Leben nimmt. Entweder gehst du mit Glauben und Optimismus voran oder du zerstörst dein eigenes Leben, indem du alles schwarz siehst.

Ich habe einen Freund, der vor einigen Jahren kaum genug zu essen hatte. Aber er glaubte so sehr an eine positive Veränderung, dass ich mich manchmal fragte, was hinter seinem Vertrauen stand. Nachdem er über ein Jahr gearbeitet hatte, gelang es ihm, ein Zimmer in einem baufälligen Haus zu mieten. Als ich ihn besuchte, sagte er lächelnd: „Willkommen in meinem Palast. Dort ist meine Küche, auf der anderen Seite ist mein herrschaftliches Schlafzimmer, hier ist mein Wohnzimmer, und wo du stehst, wird mein Gästezimmer sein." Ich schaute ihn lange und eindringlich an und musste plötzlich lachen. Alles, was sich in diesem winzigen Raum befand, war eine Matratze!

Mein Freund verlor niemals den Glauben und seinen Optimismus. Noch bevor das Jahr zu Ende ging, hatte er die Wohnung vollständig eingerichtet. Heute baut Eddie ein schönes Haus in einer guten Wohngegend und erfreut sich an den Früchten seines Bekenntnisses.

Menschen, die niemals etwas Gutes in sich selber sehen (und dann auch nicht in allem um sie herum), sind

Menschen ohne Selbstvertrauen, das aus wahrem Vertrauen Gott gegenüber resultiert. Es ist traurig, dass Christen, die Gottes Wort täglich lesen und darin gelehrt werden, wie nötig es ist, ihrem Schöpfer und seinen Propheten zu vertrauen, immer noch in die Gewohnheit verfallen, falsche Dinge über sich selbst zu sagen und zu glauben.

> *Sei nur getrost und ganz unverzagt, dass du hältst und tust in allen Dingen nach dem Gesetz, das dir Mose, mein Knecht, geboten hat. Weiche nicht davon, weder zur Rechten noch zur Linken, damit du es recht ausrichten kannst, wohin du auch gehst. Und lass das Buch dieses Gesetzes nicht von deinem Munde kommen, sondern betrachte es Tag und Nacht, dass du hältst und tust in allen Dingen nach dem, was darin geschrieben steht. Dann wird es dir auf deinen Wegen gelingen, und du wirst es recht ausrichten. (Josua 1,7 f.)*

Es gibt Menschen, die ständig nörgeln. Es scheint manchmal unerträglich, mit solchen Menschen länger als fünf Minuten zusammen zu sein. Ihre Worte sind geprägt von Enttäuschung und Schwermütigkeit. Es ist deshalb notwendig, dass du auf das achtest, was du sagst, nicht nur über dich selbst, sondern auch über die Personen um dich herum – Ehefrau, Ehemann, Kinder, Freunde, usw. Das Bekenntnis eines Mannes wird sein Leben ausmachen.

Ein vollmächtiger Mann Gottes und herausfordernder Prediger, Myles Munroe, erzählte einmal, dass seine Kindheit eine sehr harte Erfahrung für ihn war. Er schlief auf dem Boden in einem Raum, den er mit anderen Kindern teilen musste. Küchenschaben und Ratten waren ihre ständigen Begleiter. Sein Schullehrer verspottete ihn und sagte ihm, er wäre hässlich und würde es niemals zu irgendetwas bringen. Zuerst glaubte er, was der Lehrer sagte, weil er der Meinung war, sein Lehrer wüsste alles. Aber später fragte er schließlich Gott, wie ER ihn sieht. Er war entschlossen, Gott zu vertrauen, dass er etwas aus ihm macht. Heute ist Dr. Munroe einer der populärsten Prediger weltweit. Er spricht auf Konferenzen vor berühmten Männern und Frauen. Munroes Geheimnis: Er änderte sein Denken, seine Einstellung, sein Reden.

Erinnere dich:

> *Einem Mann wird vergolten, was sein Mund geredet hat, und er wird gesättigt mit dem, was seine Lippen ihm einbringen. (Sprüche 18,20)*

Du musst mit der Gewohnheit des negativen Bekenntnisses brechen. Du kannst heute damit anfangen, und ich glaube, dass du mit deinem Bekenntnis eine erneuerte Familie, einen großartigen Ehemann und ein viel glücklicheres Leben schaffen kannst.

> *Denn wenn man von Herzen glaubt, so wird man gerecht; und wenn man mit dem Munde bekennt, so wird man gerettet. (Römer 10,10)*

Falls es Gebiete in deinem Leben gibt, die ersterben, wo Finsternis sich ausgebreitet hat, wo Leere herrscht, erinnere dich: Tod und Leben liegen in der Gewalt der Zunge. Beginne auf eine neue Art und Weise zu reden. Anstatt Tod wirst du Leben empfangen, anstatt Dunkelheit Licht, und die Leere in deinem Leben wird gefüllt mit Gottes Segen.

> *Tod und Leben stehen in der Zunge Gewalt; wer sie liebt, wird ihre Frucht essen. (Sprüche 18,21)*

Du wirst die Früchte aus dem Samen ernten, den du mit deinem Mund säst.

> *Wer unvorsichtig herausfährt mit Worten, sticht wie ein Schwert; aber die Zunge der Weisen bringt Heilung. (Sprüche 12,18)*

Was ist Gesundheit? Die Zunge des Weisen. Egal, wie schlecht die Situation um mich herum ist, egal, wie schwierig die Probleme im Büro oder in der Kirche erscheinen, sogar wenn jeder gegen mich ist: Ich werde niemals etwas Pessimistisches äußern, weil ich mich entschieden habe, dass niemals Worte der Verzweiflung aus meinem Mund kommen sollen. Anstatt negative Worte auszusprechen, will ich lieber den Herrn loben.

In der Seelsorge an einigen Christen frage ich mich, wo sie das aus der Bibel Erlernte aufbewahren. Sie klagen andauernd über ihre Probleme, als ob es keine niedergelegten göttlichen Regeln gäbe, um damit fertig zu werden.

An solch einem Platz, wo alles, was ich höre, fortwährendes negatives Reden ist, fühle ich mich so müde, als ob mein Fleisch stürbe. Zu solchen Zeiten ist es für mich schwierig zu arbeiten. Als ich einmal in solch einer Müdigkeit nach Hause kam, sagte mir der Heilige Geist: „Du musst Kiew für einige Tage verlassen, du brauchst eine Pause."

Erinnere dich an die Geschichte der Schunemiterin, deren Sohn starb. Als das Unheil geschah, frage sie ihren Mann, ob sie Elisa, den Mann Gottes, besuchen dürfte. Elisa sah sie von weitem kommen, er sandte seinen Diener, der sie nach ihrer Gesundheit und nach der von Mann und Kind befragen sollte. Erinnerst du dich an ihre Antwort? „Es geht gut." Darauf änderten sich die Dinge für sie. Durch Elisa erweckte der Herr ihren Sohn. (2. Könige 4,18–37)

Und Gott sah, dass es gut war. Und Gott segnete sie und sprach: Seid fruchtbar und mehret euch und erfüllet das Wasser im Meer, und die Vögel sollen sich mehren auf Erden. (Gen/1. Mose 1,21 f.)

Gott sieht immer etwas Gutes, sogar in negativen Situationen. Weil du nach Gottes Ebenbild geschaffen bist, solltest du seine Betrachtungsweise teilen. Wenn der Teufel dir durch den Mund des Arztes sagt, dass du stirbst, dann weißt du, was zu tun ist. Öffne deine Bibel an einer Stelle, an der deine Situation angesprochen wird, und bekenne diese Worte. David sagte zum Beispiel:

Ich werde nicht sterben, sondern leben und des Herrn Werke verkündigen. (Psalm 118,17)

Du musst zu dir das Gleiche sagen: „Ich werde nicht sterben. Der Arzt sagt, mein Körper ist schwach und stirbt, weil er von Krebs geplagt ist. Aber ich glaube an Gottes Wort, dass ich nicht sterben werde, sondern ich werde leben, um die Güte des Herrn zu verkündigen." Indem du das tust und Gottes Worte gebrauchst, bahnst du den Weg für die Heilung.

Wer unvorsichtig herausfährt mit Worten, sticht wie ein Schwert; aber die Zunge der Weisen bringt Heilung. (Sprüche 12,18)

Eine Christin kam wegen ihrer Familienprobleme zu mir in die Seelsorge. Ich sprach einige Minuten mit ihr, und sie rief voller Freude: „Oh, seit sechs Monaten schultere ich diese Probleme, jetzt habe ich dir fünf Minuten zugehört und eine schwere Last ist von mir abgefallen." Ich hatte weder gebetet noch Schriftstellen zitiert. Alles, was ich sagte, waren aufmunternde Worte.

Deine Zunge kann dein Land heilen, deine Stadt, Familie, Verwandte, denn die Zunge der Weisen bringt Heilung. Wer ist ein Weiser? Ein Mensch, der fähig ist, Richtiges zu sprechen, der positiv bekennt.

> *Macht aus euren Pflugscharen Schwerter und aus euren Sicheln Spieße! Der Schwache spreche: Ich bin stark! (Joel 4,10)*

Lass den Schwachen sagen, er ist stark. Selbstverständlich wissen wir: Wer physische, emotionale, finanzielle Probleme hat, ist schwach. Bist du schwach? Gut! Bekenne das Gegenteil, denn was dein Mund bekennt, ist das, was du bekommst. Wenn du jedoch schwach bist und diesen Zustand weiter bekennst, bleibst du, wie du bist. Es ist nicht mein Gesetz, es ist Gottes Gesetz, weil es in seinem Wort enthalten ist.

Im Gottesdienst traf ich eine geistlich sehr aktive Christin Mitte zwanzig, die gern in der ersten Stuhlreihe saß. Nach einiger Zeit sah ich sie nicht mehr in der Kirche. Ich traf sie eines Tages und folgendes Gespräch entwickelte sich:

„Warum sehe ich dich nicht mehr in der Kirche?", fragte ich.

„Ich war im Gottesdienst, ich war Sonntag da."

„Ich habe dich letzten Sonntag nicht gesehen."

„Ich saß hinten", antwortete sie und schaute weg. Ich wusste, etwas stimmte nicht mit ihr. Nach einer langen Pause begann sie von neuem: „Ich war so stark ... und im Glauben ... aber ich kann das nicht begreifen, dass ... ich bin so tief gefallen." Sie fand es schwierig, zusammenhängend zu reden. Es stellte sich heraus, dass sie einem jungen Mann gepredigt hatte und er begann, in der Kirche an den Gottesdiensten teilzunehmen. Der Mann war sehr höflich zu ihr gewesen, machte ihr Komplimente und begleitete sie nach Hause. Nach einiger Zeit, überwältigt von der zarten, feinen Art des Mannes, gab sie dieser Art Vorspiel nach. Sie schlief mit ihm, und danach kam der Mann nicht mehr zur Kirche. Sie war angelockt von der süßen Sprache und zärtlichen Art des Mannes, und sie machte Kompromisse in ihrem Glauben.

Das Ende der Geschichte ist, dass diese liebenswürdige junge Frau den jungen Mann verlor und Gott. Der Mann akzeptierte Jesus nicht als Herrn und Retter, obwohl er bei den Gottesdiensten dabei war. Er gab sich nur ihretwegen „christlich".

> *Zieht nicht am fremden Joch mit den Ungläubigen. Denn was hat die Gerechtigkeit zu schaffen mit der Ungerechtigkeit? Was hat das Licht für Gemeinschaft mit der Finsternis? (2. Korinther 6,14)*

Es darf niemals eine Beziehung zwischen Licht und Finsternis geben, sogar dann nicht, wenn du willst, dass jemand errettet wird.

Die junge Frau war in einer Depression und konnte sich nicht aufraffen, zur Kirche zu gehen und um Gottes Vergebung zu bitten. „Ich fürchte mich, allein zu sein", sagte sie häufig. „Das ist die Wurzel deines Problems", versuchte ich ihr deutlich zu machen. „Du glaubst, dass Gott nicht genug für dich ist, du fürchtest dich vor der Einsamkeit. Du glaubst, dass du ein Single bleibst für den Rest deines Lebens, weil der Teufel dich das glauben macht. Du nahmst an, wenn du mit dem Mann schläfst, bringe dir das Sicherheit und einen Platz in seinem Herzen." Ich betete für sie und forderte sie auf, positiv zu bekennen: „Ich werde bald heiraten. Mein Ehemann wartet gerade dort um die Ecke darauf, dass ich ihn kennen lerne. Ich fürchte mich nicht mehr, weil ich nicht allein bin." Dies gilt für alle Singels, die glauben, sie können nur erwählt werden, wenn sie mit dem Mann / der Frau schlafen. Bring die Veränderung deiner Situation mit deiner Zunge hervor.

Die Schwester, von der ich sprach, fühlte sich, als ob sie von einem fahrenden Zug gesprungen wäre, verwirrt und verdammt. Höre auf, Furcht auszusprechen! Sprich lieber Kühnheit und Vertrauen aus, und diese Qualitäten werden Teil von dir werden.

Lass uns zu dem Buch der Weisheit zurückgehen – Sprüche, geschrieben von Salomo, König des unzerteilten Königreiches von Israel.

> *... aber die Zunge der Weisen bringt Heilung. (Sprüche 12,18)*

David versichert in seinen Psalmen:

> *Ihre eigene Zunge bringt sie zu Fall, dass ihrer spotten wird, wer sie sieht. (Psalm 64,9)*

Die Bedeutung all dessen ist in Sprüche 18,21 zusammengefasst:

> *Tod und Leben stehen in der Zunge Gewalt; wer sie liebt, wird ihre Frucht essen.*

Während einige sich selbst durch ihr Bekenntnis heilen, zerstören andere durch Worte ihr Leben. Ich habe es bereits erwähnt, aber ich will es noch einmal wiederholen: Willst du eine erfolgreiche Familie? Dann beginne damit, Erfolg zu bekennen. Willst du einen guten Ehemann oder eine gute Ehefrau an deiner Seite?

Dann rufe das mit deinen Bekenntnissen hervor!

Kaleb aber beschwichtigte das Volk, das gegen Mose murrte, und sprach: „Lasst uns hinaufziehen und das Land einnehmen, denn wir können es überwältigen." Aber die Männer, die mit ihm hinaufgezogen waren, sprachen: „Wir vermögen nicht hinaufzuziehen gegen dies Volk, denn sie sind uns zu stark." Und sie brachten über das Land, das sie erkundet hatten, ein böses Gerücht auf unter den Israeliten und sprachen: „Das Land, durch das wir gegangen sind, um es zu erkunden, frisst seine Bewohner, und alles Volk, das wir darin sahen, sind Leute von großer Länge. Wir sahen dort auch Riesen, Anaks Söhne aus dem Geschlecht der Riesen, und wir waren in unseren Augen wie Heuschrecken und waren es auch in ihren Augen. (Num/ 4. Mose 13,30-33)

In dieser Passage erschreckten zehn der Kundschafter, die Mose ausgesandt hatte das Land Kanaan zu erkunden, die Israeliten zutiefst. Sie bekannten, dass das Land unmöglich zu erobern sei wegen der Größe seiner Bewohner. Kaleb, der die Kraft und Macht in einem Wort kannte, sagte dagegen mit Kühnheit:

Lasst uns hinaufziehen und das Land einnehmen, denn wir können es überwältigen. (Num/4. Mose 13,30)

Die Kundschafter hatten Recht in ihrer Beschreibung des Zustandes des Landes. In Wirklichkeit waren die Menschen, die in diesem Land lebten, Riesen und deshalb stärker als die Israeliten. Diese Riesen waren außerdem Soldaten. Kaleb jedoch glaubte an die Kraft eines positiven Bekenntnisses. Er glaubte, dass der Gott, dem sie dienten, größer war als diese Riesen. Wenn Gott die ganze Zeit mit ihnen gewesen war und alle ihre Schlachten geschlagen hatte, dann würde er bestimmt diesen Kampf für sie kämpfen. Und Kaleb bekannte es.

Seitdem du ein Gläubiger bist, ist Gott für dich, um dir zu helfen, jedes Hindernis auf deinem Weg zu überwinden. Wenn du verstehst, wie groß Gott ist, dann kannst du erkennen, wie winzig sich dagegen dein Problem ausnimmt.

> *Und sie brachten über das Land, das sie erkundet hatten, ein böses Gerücht auf unter den Israeliten und sprachen: „Das Land, durch das wir gegangen sind, um es zu erkunden, frisst seine Bewohner, und alles Volk, das wir darin sahen, sind Leute von großer Länge." (Num/4. Mose 13,32)*

Was war ihre Schlussfolgerung?

> *Wir sahen dort auch Riesen, Anaks Söhne aus dem Geschlecht der Riesen, und wir waren in unseren Augen wie Heuschrecken und waren es auch in ihren Augen. (Num/4. Mose 13,33)*

Die Kundschafter urteilten nach dem, was sie mit ihren Augen sahen. Aber die Bibel sagt, dass wir nicht nach dem urteilen sollen, was wir sehen, sondern nach dem Glauben!

Dein Ehemann trinkt, deine Tochter schläft nicht zu Hause, und dein Sohn spielt im Kasino. Betrachte dich wegen dieser Probleme nicht als eine Heuschrecke. Schaue auf diese Probleme nicht mit deinen physischen Augen. Betrachte sie unter einem geistlichen Gesichtspunkt. Dann beginnst du, sie anders zu sehen, du beginnst, sie in einem neuen Licht zu sehen, und die Dinge werden sich bestimmt zum Besten für dich verändern.

Von denen soll keiner das Land sehen, das ich ihren Vätern zu geben geschworen habe; auch keiner soll es sehen, der mich gelästert hat. Nur mein Knecht Kaleb, weil ein anderer Geist in ihm ist und er mir treu nachgefolgt ist, den will ich in das Land bringen, in das er gekommen ist, und seine Nachkommen sollen es einnehmen (Num/4. Mose 14,23f.)

Gott sagt: „Kaleb, weil ein anderer Geist in dir ist und du mir gläubig gefolgt bist, bringe ich dich in das Land, vor dem andere sich fürchten." *Ein anderer Geist* bedeutet hier, dass Kaleb alles mit geistlichen Augen sah und in allen Dingen Gott glaubte und ihm folgte.

... ein gutes und weites Land, in ein Land, darin Milch und Honig fließt ... (Ex/2. Mose 3,8)

Sei eine Person mit „einem anderen Geist", sprich nur positiv in jeder Situation. Erlaube den Problemen nicht, dich zu überwältigen bis zum Punkt der Verzweiflung und Verzagtheit. Fälle eine Entscheidung, für Gott zu leben und nur das Gute zu bekennen.

Dies ist der Tag, den der Herr macht; lasst uns freuen und fröhlich an ihm sein. (Psalm 118,24)

Was sagst du, wenn du morgens aufwachst? Dies ist der Tag, den der Herr gemacht hat? Oder: Ich ergebe mich meinem Schicksal? Streng dich bewusst an, dein Leben jeden Tag aufzubauen durch das, was du sagst. Erinnere dich daran, dass du ein Mensch mit „einem anderen Geist" bist. Wenn du aufwachst, betrachte dich deshalb selbst im Spiegel und sage: „Dies ist der Tag, den der Herr gemacht hat. Dies ist ein neuer Tag. Ich fange gerade erst an, in ihm zu leben. Und ich weiß, dieser Tag wird mir etwas Besonderes bringen, etwas, das ich vorher nie erfahren habe. Ich bin nur einmal da, es gibt mich nicht ein zweites Mal, ich bin einzigartig, und ich erhebe mich über alle Schwierigkeiten. Ich erfreue mich an diesem großen Tag, weil heute großartige und wunderbare Dinge auf mich warten."

Interessant, du zahlst keinen Cent dafür, dies bekennen zu können. Du musst dafür nicht hart arbeiten, und doch bewirkt es Wunder! Was du bekommen willst, das sprichst du aus. Der Tag ist in deiner Hand. Nachdem du aufgewacht bist, bekenne und sprich nicht einfach nur aus, sondern werde dir darüber klar, dass dies der Tag ist, den der Herr gemacht hat und du ihn tatsächlich in Freude durchleben wirst. Bekenne, was du für diesen Tag erwartest. Sei ein knochenharter Optimist. Sprich zum Kosmos, zu den geistlichen Räumen, zu den Himmeln, zu den Gewalten und Mächten und bösen Geistern in hohen Plätzen. „Heute werde ich gesund sein. Ich fühle mich leicht und ich habe Frieden in meiner Seele. Mein Sohn ist gesegnet, meine Tochter ist vor Verführungen geschützt, meine Ehefrau ist sicher, weil sie unter dem Schutz des Blutes Jesus steht. Ich liebe und ich werde geliebt. Der heutige Tag wird kommen und in Freude vergehen ohne Disharmonie, und ich erwarte für heute nichts Schlechtes, sondern ich erwarte für heute Erfolg."

Erinnere dich:

> *Tod und Leben stehen in der Zunge Gewalt; wer sie liebt, wird ihre Frucht essen. (Sprüche 18,21)*

Ein guter Rat: Achte auch auf deine Gespräche mit anderen Menschen. Wenn jemand nur negative Dinge ausspricht, segne ihn und rate ihm, die Bibel zu lesen. Wenn er sich nicht verändert, ist es besser, sich von einer solchen Person fern zu halten. Wähle deine eigenen Worte sorgfältig, sodass du andere nicht verletzt oder irritierst. Sei entschlossen, dass nur Worte des Friedens von deinen Lippen kommen. Das, was du sagst, soll eine Quelle der Ermutigung und des Trostes für andere sein. Das bedeutet nicht, dass du andere nicht korrigieren darfst. Aber bezeichne niemals jemanden als Versager. Korrigiere, tadle, aber tu alles in Liebe. Ermutige, lobe und erbaue andere.

> *Lasst kein faules Geschwätz aus eurem Mund gehen, sondern redet, was gut ist, was erbaut und was notwendig ist, damit es Segen bringe denen, die es hören. (Epheser 4,29)*

Ganz gleich, wie tief eine Person im Schlamm ihrer Probleme steckt, stell immer sicher, etwas Gutes in ihr zu sehen. Denn solch ein Mensch ist Gottes Schöpfung und es muss etwas Wunderbares in ihm sein. Lass keine zerstörerische Rede aus deinem Mund kommen. Manche Menschen kritisieren nur und sprechen Lügen aus. Sage auch ihnen nur angenehme Worte. Nach eurem Gespräch sollte dein Zuhörer sich ermutigt fühlen, weil deine Worte immer Gnade vermitteln. Deshalb umgib dein Leben mit Worten der Liebe.

2 Bleib dran

Lasst uns festhalten an dem Bekenntnis der Hoffnung und nicht wanken; denn er ist treu, der sie verheißen hat. (Hebräer 10,23)

Hoffnung ist eine feste Erwartung, die bewirkt, dass du Vertrauen zu jemand oder in etwas hast. Hoffnung ist also gleichbedeutend mit Vertrauen oder Zuversicht. Glaube auf der anderen Seite ist eine feste Überzeugung, etwas zu erreichen; die Zuversicht, dass eine Erwartung bald erfüllt wird. Bedeuten diese Worte das Gleiche? Können wir Glaube durch Hoffnung ersetzen oder umgekehrt? Die Antwort lautet: Nein. Glaube ist eine *gesicherte Wahrheit*: Etwas, das wir glauben, wird bald geschehen. Hoffnung dagegen ist die *Erwartung*, dass etwas geschieht. Es stimmt schon, dass die Bedeutung dieser beiden Worte nahe beieinander liegt, und es ist auch wahr, dass sie miteinander verbunden sind, denn es kann keine Hoffnung ohne Glauben geben.

Ernähre deinen geistlichen Menschen mit Worten des Glaubens. Ein Mensch, der sich an etwas festhält, fällt nicht so leicht. Deshalb musst du dich an Gottes Wort festhalten, bevor du haben kannst, wonach du suchst.

Gott sei Dank, dass wir nicht berufen sind zu fallen, auf halbem Weg stehen zu bleiben oder schließlich vollständig aufzugeben. Vielmehr sind wir berufen, Vollender zu sein. Egal, wie die Ereignisse um dich herum sich heute entwickeln, egal, welche Angriffe aus dem Lager des Feindes kommen mögen – alles dies ist nicht wichtig. Wichtig ist, dass du festhältst am Bekenntnis deines Glaubens.

Menschen, die nicht auf dem halben Weg ihres Auftrags aufgeben, Menschen, die ihre Ziele erreichen, sind solche, die „dranbleiben". Sie sind Menschen, die sich durch Rückschläge oder Stolpersteine nicht davon abhalten lassen, ihre Ziele zu erreichen, denn sie haben bis zum Ende Glauben und Hoffnung, dass Gott seine Verheißungen in ihrem Leben umsetzt.

Vielleicht liest du diese Zeilen und denkst: Das ist leichter gesagt als getan. Ich sage nicht, dass die Straße mit Gold gepflastert ist auf dem Weg zu deiner von Gott erwählten Bestimmung. Natürlich kommen Zeiten, wo die Straße nicht geteert sein wird und du über Steine und andere scharfe Hindernisse gehen musst. Aber genau das sind die Momente, in denen es wichtig ist dranzubleiben. Du hältst fest, bleibst bei deinem Glauben an Gott und sein Wort, sogar dann, wenn alles um dich herum ausgetrocknet und öde aussieht.

In manchen Spielfilmen kannst du sehen, wie jemand von einem Baum oder einem Berg stürzt. Du siehst, wie er sich mit aller Kraft an einen Vorsprung des Berges oder an einen Ast des Baumes klammert, weil er nicht fallen möchte. Das ist genau die Art und Weise, wie du festhalten solltest: Bleibe bei deinem Glauben, bleibe dabei, als ob dein Leben davon abhinge. Diejenigen, die bis zum Ende festhalten, enden niemals in Enttäuschung! Egal, was dein Problem ist – deine Familie, Finanzen, fehlende Gesundheit – halte fest.

Mutter Basilea, Gründerin der deutschen Marienschwesternschaft in Darmstadt, schrieb einmal: „Jetzt halte durch – und sei die Not auch groß. Gott hat die Stunde schon bedacht, da Er dir Hilfe bringt."

Gott selbst legt Glauben in dein Herz, und wenn du zu ihm kommst, hast du den Glauben, dass er einen Weg mitten durch die Schwierigkeiten bahnt. Aber es gibt einen Feind deines Glaubens, der keine Mühe scheut sicherzustellen, dass du nicht Gottes gewaltige Macht siehst, sondern deine scheinbar so großen Probleme. Du brauchst einen starken Glauben, nicht an die Probleme zu glauben, sondern an die Möglichkeiten.

> *Aber ohne Glauben ist's unmöglich, Gott zu gefallen; denn wer zu Gott kommen will, der muss glauben, dass er ist und dass er denen, die ihn suchen, ihren Lohn gibt. (Hebräer 11,6)*

Dies zeigt deutlich: Was du glaubst und was du bekennst über Gott und über dein Leben, wird den Grad deines Erfolges und der von dir erreichten Ziele bestimmen. Wenn du keinen Glauben und kein glaubensvolles Bekenntnis besitzt, kannst du nicht dem Einen gefallen, der garantieren wird, dass du alles hast, was dein Herz begehrt.

Hierbei spielen eben auch die Worte deines Mundes eine wichtige Rolle. Der Teufel füttert deinen Verstand immer wieder mit negativen Gedanken, und es ist allzu leicht für dich, von diesen Gedanken überschwemmt oder überwältigt zu werden. Wenn das geschieht, dann bleibt dein Bekenntnis des Glaubens allmählich auf der Strecke. Wenn du glaubst, dann musst du bekennen, um deinen Glauben zu vervollständigen.

> *Denn wenn man von Herzen glaubt, so wird man gerecht; und wenn man mit dem Munde bekennt, so wird man gerettet. (Römer 10,10)*

Wenn du glaubst, dann musst du das auch laut sagen. Du kannst sicher sein, beharrliche Praxis im Bekennen dessen, was du glaubst, wird dir vermehrte Zuversicht und unerschütterlichen Glauben geben, dass das, was du sagst, auch geschehen wird. Der Teufel liebt es, mit unserem Verstand zu spielen, weil er weiß, dass viele Entscheidungen zuerst dort getroffen werden, und er kann leicht solche Entscheidungen durchkreuzen, bevor sie noch Frucht tragen.

Du hast zum Beispiel die großartige Idee, ein Unternehmen zu beginnen, das, wie du weißt, gedeihen wird. Zuerst bist du begeistert über so eine vielversprechende Geschäftsidee. Plötzlich wendet sich dein Verstand all den Herausforderungen zu, denen du begegnen musst, um das Geschäft auch umzusetzen: dem Startkapital, den Kunden usw. Bevor du noch deinen Namen sagen kannst, hast du diese Idee wieder verworfen! Der Teufel hat seine Arbeit darin getan, dich mit allem zu füttern, nur nicht mit Erfolg deines Unternehmens.

Wenn du jedoch aufstehst, bekennst, dass du es tun kannst und es durch das Wort Gottes untermauerst, dann wird das Menschenmögliche nicht deine Grenze sein. Ich sage nicht, dass dir keine Herausforderungen begegnen werden. Aber deine Haltung und deine Bekenntnisse angesichts solcher Herausforderungen entscheiden über deinen Erfolg.

Der Herr sagt in der Bibelstelle in Hebräer 10,23: „Halte fest, ohne zu wanken." Zu allen Zeiten musst du deinen Glauben festhalten. Das, was du glaubst und was du sagst, soll aus unerschütterlichem Glauben fließen.

Ted Turner, Gründer des „Cable News Network" und einer der reichsten Männer in den USA, hatte starken Glauben, etwas zu beginnen, das vorher noch nie in der Welt getan wurde – eine Fernsehstation, die live in jeden

Teil der Welt sendet. Viele hatten, als sie das hörten, über diesen Mann und seine fremden Ideen gelacht. Ich bin sicher, hätte er sich von dem bestimmen lassen, was die Leute sagten, dann hätten wir vielleicht ein ähnliches Nachrichtensystem, aber nicht gegründet von Ted Turner. Der Ruhm und das Vermögen, die ein solches Unternehmen mit sich bringen, wären an jemanden anderes gefallen.

Hast du jemals eine Idee gehabt, die du später aufgegeben hast, weil du spürtest, dass sie zu viel für dich war? Du hattest Zweifel an ihrem Erfolg und hast später gesehen, dass jemand anderes damit erfolgreich war? Es ist nicht zu spät. Fang heute an und tu etwas mit den wunderbaren Ideen, die Gott dir gegeben hat. Wenn du an ihn glaubst, der dir die Ideen gegeben hat, und wenn du seine Worte bekennst, dann wird dein Leben nicht das Gleiche bleiben.

Was musst du festhalten? Dein Bekenntnis, das aus deinem Mund kommt. Es gefällt Gott nicht, dass du dein Bekenntnis änderst. Als Geschäftsmann zum Beispiel, der durch finanzielle Probleme geht, glaubst du, dass Gott einen Weg für dich bahnen wird. Ganz gleich, wie lange es dauert, solange du glaubst, wird der, dem du dienst und der die Verheißungen gegeben hat, es sicherlich zum Erfolg bringen. Halte nur fest!

Jeder muss täglich neu sein Bekenntnis wiederholen. Wenn du so an deinem Glauben festhältst ohne zu wanken, dann wirst du die Herrlichkeit des Herrn sehen. Indem du an deinem Bekenntnis festhältst, beweist du, dass du Glauben an Gott hast. Aber wenn du das Gegenteil bekennst und dich den Umständen ergibst, dann preist du gegen deinen Willen den Teufel und stellst den Herrn als Lügner dar. Das bedeutet, dass das Wort Gottes nicht in dir ist.

Gott steht treu zu seinen Verheißungen – glaube nur. Glaube, dass dein Erlöser lebt und ihm nichts unmöglich ist. Glaube, dass die Macht, die Jesus Christus von den Toten auferweckt hat, fähig ist, alle deine Probleme zu lösen. Es gibt eine Herrlichkeit, die besonders auf dich wartet, wenn du glaubst. Die Anforderung an dich ist nur – Glaube.

Was ist denn Glaube?

> *Es ist aber der Glaube eine feste Zuversicht auf das, was man hofft, und ein Nichtzweifeln an dem, was man nicht sieht. (Hebräer 11,1)*

„Ist" steht in diesem Vers in der Zeitform der Gegenwart. Es zeigt, dass wirkmächtiger Glaube sich nicht auf die Vergangenheit allein beruft oder auf das, was einmal sein wird. Es kommt darauf an, was du *jetzt* glaubst. Dein Glaube muss immer lebendig sein. Du musst es nicht nur sagen, sondern du musst auch glauben, dass es geschehen wird.

Gott kennt keine Begrenzung seiner Macht, und was er dir geben kann, ist viel mehr, als du jemals von ihm erbitten könntest. Also kannst du alles Erdenkliche, an das du glaubst, auch empfangen. Der Psalmist sagte:

> *Aber wie schwer sind für mich, Gott, deine Gedanken! Wie ist ihre Summe so groß! Wollte ich sie zählen, so wären sie mehr als der Sand ... (Psalm 139,17 f.)*

Wenn Gottes Gedanken über dich zahlreicher sind als die Sandkörner an den Seeufern, was wird dann unmöglich sein, wenn du es von ihm erbittest? „Unmöglich" kann es nur durch dich werden, wenn du nicht glaubst, dass er es tun kann.

Ich liebe das Lied einer bekannten Gruppe:

Wenn du glaubst,
dann wirst du sehen.
Es gibt Hoffnung, wo du bist.
Begreife, dass nichts,
nichts zu schwer ist.

Fang in diesem Augenblick an, deinen Glauben zu praktizieren. Du magst beten, bekennen, glauben, aber nichts passiert. Erinnere dich, du bist nicht allein. Halte dich nur an sein Wort und wanke nicht, denn zur richtigen Zeit werden deine Erwartungen Frucht tragen.

Bildlich gesprochen ist der Glaube wie ein Fahrzeug, das mit allen Antworten auf deine Gebete beladen ist. Damit dieses Fahrzeug dich erreichen kann, muss es eine Straße geben. Du baust die Straße mit deinem Bekenntnis. Hast du schon einmal zugesehen, wie Straßen gebaut werden? Um eine Straße zu konstruieren, musst du ein großes Projekt umsetzen: Bäume in dem Bereich fällen, wenn sie im Weg stehen, die Straße planieren, Asphalt aufbringen und Maschinen benutzen, um sicher zu sein, dass die Arbeit auch korrekt ausgeführt wird. Alles das geschieht nicht an einem Tag. Das braucht einige Zeit.

Wenn du also merkst, dass es eine lange Zeit braucht, bis deine Gebete beantwortet werden, sei dir bewusst: Verzögerung bedeutet nicht Ablehnung. Gott möchte, dass deine Wünsche erfüllt werden zu einem Zeitpunkt, der am besten für dich geeignet ist. Er möchte dich nicht auf eine Weise segnen, dass du am Ende die Segnung bedauerst. Die Bibel sagt, der Segen des Herrn macht reich und fügt keine Sorgen hinzu. Gott liebt dich ohne Maßen, und er will nur das Allerbeste für dich. Deshalb warte auf ihn. Bekenne deine Wünsche jeden Tag. Nur zu denen, die fest am Bekenntnis ihres Glaubens festhalten, wird das Fahrzeug gelangen.

Da aber viele Tage weder Sonne noch Sterne schienen und ein gewaltiges Ungewitter uns bedrängte, war all unsre Hoffnung auf Rettung dahin. Und als man lange nichts gegessen hatte, trat Paulus mitten unter sie und sprach: „Liebe Männer, man hätte auf mich hören sollen und nicht von Kreta aufbrechen, dann wäre uns Leid und Schaden erspart geblieben. Doch nun ermahne ich euch: Seid unverzagt; denn keiner von euch wird umkommen, nur das Schiff. Denn diese Nacht trat zu mir der Engel des Gottes, dem ich gehöre und dem ich diene, und sprach: Fürchte dich nicht, Paulus, du musst vor den Kaiser gestellt werden; und siehe, Gott hat dir geschenkt alle, die mit dir fahren. Darum, liebe Männer, seid unverzagt; denn ich glaube Gott, es wird so geschehen, wie mir gesagt ist." (Apostelgeschichte 27,20–25)

Paulus musste nach Rom reisen, wo er vor dem Gerichtshof des Cäsar erscheinen sollte. Auf dem Weg nach Rom gewann er die Überzeugung, dass diese Reise gefährlich sein würde. Allerdings schenkte ihm keiner Beachtung, denn die Seeleute glaubten an das schöne Wetter und an den Kapitän und Eigentümer des Schiffes und ihr eigenes Know-how. Sie segelten los. Zuerst war das Wetter tatsächlich schön, aber dann trafen die Worte des Paulus schließlich ein. Der Sturm war so stark, dass für einige Tage weder Sonne noch Sterne gesehen werden konnten, und alle Hoffnungen auf Rettung verloren waren. Während die Menschen an Bord ihr Schicksal bedauerten, erschien Paulus ein Engel des Herrn, um ihn zu trösten und sagte:

Fürchte dich nicht, Paulus, du musst vor den Kaiser gestellt werden; und siehe, Gott hat dir geschenkt alle, die mit dir fahren. (Apostelgeschichte 27,24)

Hast du bemerkt, dass der Engel nicht vor dem Sturm sprach, sondern nachdem der Sturm begonnen hatte? Er sprach, als totale Dunkelheit herrschte und aus menschlicher Sicht nicht die kleinste Chance auf Rettung mehr bestand.

Da aber viele Tage weder Sonne noch Sterne schienen und ein gewaltiges Ungewitter uns bedrängte, war all unsre Hoffnung auf Rettung dahin. (Apostelgeschichte 27,20)

Vielleicht wird dein Lebensschiff von einem Sturm gefährlich hin und her geworfen und du denkst, du kannst das nicht überstehen. Du kannst die Sonne oder die Sterne nicht mehr scheinen sehen. Was du alle Tage siehst, ist Schwermut, Dunkelheit und noch mehr Schwermut. Du kannst keinen Schritt mehr gehen, weil du nicht weißt, wohin dich dieser Schritt führen wird. Wenn du in dieser Situation bleibst und dich deinem Schicksal ergibst, dann hat dein eigentliches Problem gerade erst begonnen. Wenn du in einer solchen Situation bist, in der alle Hoffnung verloren scheint und du meinst allein in der Welt zu sein und jedes erdenkliche Problem deinen Weg kreuzt, dann ist das Hauptproblem nicht die Situation, in der du stehst. Das große Problem ist deine Resignation in dein Schicksal.

Der Sieg liegt im Glauben und Vertrauen gegenüber dem Einen, der die ganze Welt in seinen Händen hält. Dieser Eine ruft Dinge, die nicht sind, und sie sind da. Dieser Eine kannte das Problem, bevor es überhaupt auftauchte.

Dieser Eine lässt das Feuer dich nicht verbrennen, den Ozean dich nicht ertränken oder den Sturm dich nicht hinwegfegen. Er erhebt dich aus der Tiefe in die Höhe. Er überwindet Unüberwindliches, fordert deine Herausforderer heraus und macht dich zum Lobpreis auf Erden!

Gott ist zu sehr besorgt um deine Freude, um durch Probleme beeinträchtigt zu werden. Lerne, dich mehr auf Gott zu konzentrieren als auf deine Probleme. Konzentration auf Probleme bringt mehr Falten in dein Gesicht, mehr Schwere in dein Herz, mehr graue Haare auf deinen Kopf, mehr Abstieg für deine Familie, für dein soziales und christliches Leben. Deshalb beginne auf Gott zu schauen, der alles für dich wenden wird.

Erinnere dich: Josef wurde vom Gefangenen zum Premierminister, Gideon vom Feigling zum Eroberer, David gelangte von der Weide in den Palast, Ruth von einer verfluchten Nation in den Stammbaum Christi. Die Liste ist endlos.

Auch dein Leben kann verändert werden, wenn du es glaubst und es bekennst. Deshalb fürchte dich nicht, und die Sonne wird wieder aufgehen, die Sterne werden zu leuchten beginnen wie Diamanten an deinem Himmel!

> *... denn ich glaube Gott, es wird so geschehen, wie mir gesagt ist. (Apostelgeschichte 27,25b)*

Das sagt Gott auch zu dir. Lebe im Glauben und preise ihn dafür.

> *Sie sprachen: Glaube an den Herrn Jesus, so wirst du und dein Haus selig! (Apostelgeschichte 16,31)*

Du kannst zur Errettung deiner Familie und deiner Angehörigen beitragen. Glaube nur!

Und der Herr wird dich zum Kopf machen und nicht zum Schwanz, und du wirst immer aufwärts steigen und nicht heruntersinken, weil du gehorsam bist den Geboten des Herrn, deines Gottes, die ich dir heute gebiete zu halten und zu tun. (Deut/5. Mose 28,13)

Du kannst dein Geschäft retten und erreichen, dass es sich in neue Höhen erhebt. Gehorche nur dem Herrn und habe Glauben an ihn.

Denn ihr kennt die Gnade unseres Herrn Jesus Christus; obwohl er reich ist, wurde er doch arm um euretwillen, damit ihr durch seine Armut reich würdet. (2. Korinther 8,9)

Ja, es wird so sein! Halte nur fest am Bekenntnis deines Glaubens.

... und weil du der Stimme des Herrn, deines Gottes, gehorsam gewesen bist, werden über dich kommen und dir zuteil werden alle diese Segnungen. Und der Herr wird machen, dass du Überfluss an Gutem haben wirst, an Frucht deines Leibes, an Jungtieren deines Viehs, an Ertrag deines Ackers, in dem Lande, das der Herr deinen Vätern geschworen hat, dir zu geben. (Deut/5. Mose 28,2.11)

Wenn er es versprochen hat, wird er es tun. Alles, was er von dir fordert, ist zu glauben, dass er es tun kann, und auf ihn zu warten, auf die rechte Zeit. Er wird dein Licht scheinen lassen aus der Verborgenheit, und deine Dunkelheit wird hell werden wie der Mittag. Glaube nur.

3 Ein kleiner Schritt ...

Elisa aber sprach: „Hört des Herrn Wort! So spricht der Herr: Morgen um diese Zeit wird ein Maß feinstes Mehl ein Silberstück gelten und zwei Maß Gerste ein Silberstück im Tor von Samaria.“ Da antwortete der Ritter, auf dessen Arm sich der König lehnte, dem Mann Gottes und sprach: „Und wenn der Herr Fenster am Himmel machte, wie könnte das geschehen?“ Er sprach: „Siehe, mit deinen Augen wirst du es sehen, doch du wirst nicht davon essen!“

Und es waren vier aussätzige Männer vor dem Tor, und einer sprach zum andern: „Was sollen wir hier bleiben, bis wir sterben? Wenn wir auch in die Stadt gehen wollten, so ist Hungersnot in der Stadt, und wir müssten doch dort sterben. Bleiben wir aber hier, so müssen wir auch sterben. So lasst uns nun hingehen und zu dem Heer der Aramäer laufen. Lassen sie uns leben, so leben wir, töten sie uns, so sind wir tot.“ Und sie machten sich in der Dämmerung auf, um zum Heer der Aramäer zu kommen.

Und als sie vorn an das Lager kamen, siehe, da war niemand mehr da. Denn der Herr hatte die Aramäer hören lassen ein Getümmel von Rossen, Wagen und großer Heeresmacht, sodass sie untereinander sprachen: „Siehe, der König von Israel hat sich gegen uns verbündet mit den Königen der Hetiter und den Königen der Ägypter, dass sie über uns kommen sollen." Und sie machten sich auf und flohen in der Dämmerung und ließen ihre Zelte, Rosse und Esel im Lager, wie es stand, und flohen, um ihr Leben zu retten.

Als nun die Aussätzigen vorn an das Lager kamen, gingen sie in eins der Zelte, aßen und tranken und nahmen Silber, Gold und Kleider und gingen hin und verbargen's und kamen wieder und gingen in ein anderes Zelt und nahmen daraus und gingen hin und verbargen's. Aber einer sprach zum andern: „Lasst uns so nicht tun; dieser Tag ist ein Tag guter Botschaft. Wenn wir das verschweigen und warten, bis es lichter Morgen wird, so wird uns Schuld treffen. So lasst uns nun hingehen und es dem Hause des Königs ansagen."

Und als sie kamen, riefen sie die Torhüter der Stadt und sagten's ihnen an und sprachen: „Wir sind zum Lager der Aramäer gekommen, und siehe, da ist niemand mehr und keine Menschenstimme, sondern Rosse und Esel angebunden und die Zelte, wie sie dastehen." Da riefen es die Torhüter aus, und man sagte es drinnen im Hause des Königs an. Und der König stand auf, als es noch dunkel war, und sprach zu seinen Obersten: „Lasst euch sagen, wie es die Aramäer mit uns machen. Sie wissen, dass wir Hunger leiden, und sind aus dem Lager gegangen, um sich im Felde zu verbergen, und denken: Wenn sie aus der Stadt gehen, wollen wir sie lebendig ergreifen und in die Stadt eindringen."

Da antwortete einer seiner Obersten: „Man nehme fünf Rosse von denen, die noch in der Stadt übrigge-

blieben sind – ihnen wird es ja doch gehen wie der ganzen Menge, die hier noch übriggeblieben oder schon dahin ist. Die lasst uns senden, um nachzusehen." Da nahmen sie zwei Wagen mit Rossen, und der König sandte sie dem Heer der Aramäer nach und sprach: „Zieht hin und seht nach!" Und als sie ihnen nachzogen bis an den Jordan, siehe, da lag der Weg voll von Kleidern und Geräten, die die Aramäer in der Eile weggeworfen hatten. Und als die Boten zurückkamen und es dem König ansagten, ging das Volk hinaus und plünderte das Lager der Aramäer.

Und es galt ein Maß feinstes Mehl ein Silberstück und zwei Maß Gerste auch ein Silberstück nach dem Wort des Herrn. Aber der König bestellte den Ritter, auf dessen Arm er sich lehnte, in das Tor. Und das Volk zertrat ihn im Tor, sodass er starb, wie der Mann Gottes gesagt hatte, als der König zu ihm hinabkam. (2. Könige 7,1-17)

Israel führte Krieg mit Syrien, und die Syrer hatten eine fähigere Armee als Israel. Was die Syrer den Israeliten antaten, kann mit dem verglichen werden, was Hitler Leningrad (jetzt Sankt Petersburg) während des Zweiten Weltkrieges antat. Die Syrer hatten die Stadt Samaria belagert und machten es für die Israeliten unmöglich, die Stadt zu verlassen. Handel und damit die Versorgung mit Lebensmitteln wurde äußerst schwierig. Es kam tatsächlich so weit, dass die Samarier begannen, ihre eigenen Kinder zu essen.

Und es war eine große Hungersnot in Samaria. Sie aber belagerten die Stadt, bis ein Eselskopf achtzig Silberstücke und eine Handvoll Taubenmist fünf Silberstücke galt. (2. Könige 6,25)

In dieser Situation kam eine Frau zum König von Israel.

> *Und der König sprach zu ihr: „Was ist dir?“ Sie sprach: „Diese Frau da sprach zu mir: Gib deinen Sohn her, dass wir ihn heute essen; morgen wollen wir meinen Sohn essen. So haben wir meinen Sohn gekocht und gegessen. Und ich sprach zu ihr am nächsten Tage: Gib deinen Sohn her und laß uns ihn essen! Aber sie hat ihren Sohn versteckt.“ Als der König die Worte der Frau hörte, zerriß er seine Kleider, während er auf der Mauer ging. (2. Könige 6,28–30)*

Diese Art von Hungersnot findet fast keine Parallele in der Weltgeschichte. Als Mutter weißt du, wie wertvoll dir dein Kind ist. Aber die Samarierinnen waren so verzweifelt, dass sie sich bereit fanden, ihre Kinder aufzugeben, sie zu töten und zu essen wegen der Hungersnot im Land. Sogar der König, anstatt zu handeln, zerriss seine Kleider, was zu jener Zeit ein Zeichen von großem Kummer und Depression war.

> *Und er sprach: „Gott tue mir dies und das, wenn das Haupt Elisas, des Sohnes Schafats, heute auf ihm bleiben wird!“ (2. Könige 6,31)*

Elisa war ein Prophet in Israel, der seinen Dienst mit Wundern begann. Die Menschen verehrten ihn als einen Mann Gottes und wandten sich an ihn um Rat und Hilfe. Elisa wusste, dass der König den Befehl gegeben hatte, ihn zu töten wegen seiner Voraussage der Dürre. Der König schrie und fragte:

> *Siehe, dies Übel kommt von dem Herrn! Was soll ich noch von dem Herrn erwarten? (2. Könige 6,33)*

Diese Art Frage stellen heute viele Menschen. Eine solche Frage wird oft nicht gestellt, um tatsächlich eine Antwort zu erhalten, sondern um Zweifel auszudrücken. Manche Menschen richten ihre Fragen direkt an Gott, aber sie sind nicht bereit, die Antwort auf ihre Fragen zu akzeptieren. Sie wollen eigentlich ihre eigene Unsicherheit rechtfertigen. Sie vergessen, dass die Augen des Herrn über ihren Wegen wachen. Er sieht all die Schritte dieser Menschen und kennt die Absichten ihrer Herzen.

Lässt sich Gott mit den Menschen in Diskussionen ein? Was macht Gott in solchen Situationen? Er manifestiert sich und manifestiert seine Werke. Wenn du als Christ Gott dienst und die Wunder, die du erwartest, begegnen dir nicht, könnte es sein, dass du nicht im Glauben gehandelt hast. Gott ist unfehlbar; er bricht sein Wort nicht noch seinen Bund mit seinen Menschen. Deshalb wird das Maß deines Vertrauens zu ihm mit darüber entscheiden, inwieweit sich die Wünsche deines Herzens erfüllen.

Du dienst dem Einen, der immer mit dir ist, in dir und um dich; du betest den Einen an, der nicht nur im Himmel regiert, sondern auch in deinen täglichen Aktivitäten. Deshalb hoffst und glaubst du, dass – egal, was passiert, egal, welche Schwierigkeit sich erhebt – er dich niemals verlassen wird.

> *Kommt her zu mir, alle, die ihr mühselig und beladen seid; ich will euch erquicken. Nehmt auf euch mein Joch und lernt von mir; denn ich bin sanftmütig und von Herzen demütig; so werdet ihr Ruhe finden für eure Seelen. Denn mein Joch ist sanft und meine Last ist leicht. (Matthäus 11,28-30)*

Kann es für einen Gläubigen Situationen geben, in denen es keinen Ausweg gibt? Die Antwort ist ein großes NEIN! Der Schlüssel, der dir verschlossene Türen öffnet, ist Gebet. Bete und glaube, dass alles, wofür du bittest, dir auch geschehen wird. Denn das wirksame, ernst gemeinte Gebet des Gerechten erreicht viel.

Das Wort Gottes beinhaltet Macht, bewirkt Wunder, befreit dich von schweren Lasten und verändert dein Leben zum Besten hin. Die Menschen von Samaria waren verzweifelt und konnten das Leid, das sie befallen hatte, nicht ändern. Aber es gab einen Mann in Israel, der erfüllt war mit der Kraft Gottes, und der sprechen konnte – und es geschah.

> *Elisa aber sprach: „Hört des Herrn Wort! So spricht der Herr: Morgen um diese Zeit wird ein Maß feinstes Mehl ein Silberstück gelten und zwei Maß Gerste ein Silberstück im Tor von Samaria." (2. Könige 7,1)*

Die gleiche Verwandlung Israels von einem Land der Hungersnot zu einem Land des Überflusses kann auch deine sein, wenn du den gleichen Glauben hättest, den Elisa hatte. Gott sagte ihm ganz einfach, dass am nächsten Tag genug zu essen und zu trinken in Israel vorhanden sein würde. Elisa handelte auf dieser Grundlage trotz der Tatsache, dass alle Israeliten noch glaubten, die Syrer hätten sich gegen sie zusammengeschlossen. Elisa sah das Wunder noch nicht, trotzdem glaubte er. So solltest du auch handeln. Du hast nicht gesehen, was Gott verheißen hat, dennoch sagt sein Wort: Er wird es tun. Glaube, und du wirst empfangen.

In der Stadt Samaria war ein gebildeter Mann, ein hoher Beamter im Palast des Königs, der dem König nahe stand. Er kannte den Gott Abrahams, Isaaks und Jakobs nicht – und er konnte seinen Mund nicht halten. Seine Antwort auf Elisas Prophetie reichte aus, um Zweifel in die Herzen der Menschen zu säen.

Und wenn der Herr Fenster am Himmel macht, wie könnte das geschehen? (2. Könige 7,2)

Der hohe Beamte, dessen Name nicht erwähnt wird, mag klug wie Salomo oder ein Genie gewesen sein. Weil er aber weder Gott, noch die Macht des Allerhöchsten kannte und dem Wort Gottes nicht glaubte, traf ihn ein früher Tod. Die Worte des Propheten Elisa erfüllten sich.

Aber der König bestellte den Ritter, auf dessen Arm er sich lehnte, in das Tor. Und das Volk zertrat ihn im Tor, sodass er starb, wie der Mann Gottes gesagt hatte, als der König zu ihm hinabkam. (2. Könige 7,17)

War es eine voraussehbare Tatsache, dass ein hoher Beamter von den Menschen zertreten werden würde? Natürlich nicht! Als die ausgehungerten, erschöpften Menschen erfuhren, dass Mehl preiswert am Tor verkauft wurde, liefen alle sofort dorthin. In ihrer Aufregung trampelten sie über den hohen Beamten hinweg und marschierten vorwärts, um ihr kostbares Mehl zu erhalten. Der Pessimismus des Beamten konnte sie nicht abschrecken. Tatsächlich, er wurde so unbedeutend, dass er unter ihnen zertreten wurde. Er zweifelte, er verlor. Sie glaubten, sie empfingen!

Deshalb ist es sehr wichtig für einen Christen, dranzubleiben, bis zum Ende zu glauben. Ein Zweifler oder ein Skeptiker wird nicht viel erreichen. Deshalb musst du eine unumstößliche Entscheidung fällen: zu glauben und einen hartnäckigen Glauben an Gott haben.

Aktion bringt Reaktion hervor. Glaube ist Aktion; es ist eine Entscheidung, die du treffen musst. Die Reaktion kommt von Gott, der dein Vertrauen zu ihm sieht und deine Bitten erfüllt.

Jakobus sagt uns in seinem Brief:

Was hilft's, liebe Brüder, wenn jemand sagt, er habe Glauben, und hat doch keine Werke? Kann denn der Glaube ihn selig machen? (Jakobus 2,14)

Anfang 1996 erhielt unsere Kirche ein Wort von Gott, in dem er uns daran erinnerte, dass wir dem Gott Abrahams, Isaaks und Jakobs dienten. Er forderte uns neu auf, Vertrauen zu ihm zu haben. Wir hielten uns an diesem Wort fest, und das Wort ermutigte uns in schwierigen Situationen. Glaube kann jemanden erretten, unter der Bedingung, dass der Glaube von bestimmten Handlungen unterstützt wird.

Diese Art von Glauben kann nicht nur einen Menschen erretten, sondern Nationen. Zur Zeit, als die Samarier schliefen, schlummerte der Herr nicht. Er fand einige Menschen, die er dazu gebrauchte, die Stadt zu retten. Er fand Leprakranke, die zu jener Zeit kein Recht hatten, in der Stadt zu leben. Wegen ihrer Krankheit lebten sie in Höhlen vor der Stadt. Gott fand und suchte die Ausgestoßenen der Gesellschaft, Menschen, die nur mit anderen Kranken zusammen sein durften, verurteilt zu einem langsamen Tod. Der Herr erhob sie aus dem Nichts, setzte sie ein für die Veränderung im Leben von Menschen.

Und es waren vier aussätzige Männer vor dem Tor, und einer sprach zum andern: „Was sollen wir hier bleiben, bis wir sterben? Wenn wir auch in die Stadt gehen wollten, so ist Hungersnot in der Stadt, und wir müßten doch dort sterben. Bleiben wir aber hier, so müssen wir auch sterben. So lasst uns nun hingehen und zu dem Heer der Aramäer laufen. Lassen sie uns leben, so leben wir, töten sie uns, so sind wir tot." (2. Könige 7,3f.)

Glaube ohne Werke ist so tot wie ein Holzklotz. Wenn die Leprakranken lediglich bekannt und geglaubt hätten, dass sie eine Mahlzeit bekommen würden, und wären nicht in das Lager der Syrer gegangen, dann wären sie verhungert. Handle jetzt! Setze deinen Glauben in Gang. Arbeite mit deinen Händen, deiner Kraft, deinem Wissen und deinen Fähigkeiten an etwas mit. Weigere dich, da stehen zu bleiben, wo du bist. Sage dir selbst: „Ich werde nicht der Gleiche bleiben, der ich letztes Jahr war. Ich muss etwas verändern in meiner Arbeit, meinem Zuhause, in der Gemeinde, in meinem Dienst. Ich muss mich immer daran erinnern: Als Gottes Kind sollte ich seine Herrlichkeit ein Stück weit sichtbar machen."

> *Und sie machten sich in der Dämmerung auf, um zum Heer der Aramäer zu kommen. Und als sie vorn an das Lager kamen, siehe, da war niemand mehr da. Denn der Herr hatte die Aramäer hören lassen ein Getümmel von Rossen, Wagen und großer Heeresmacht. (2. Könige 7,5 f.)*

Lepra ist eine schreckliche Krankheit, und in jenen Tagen waren Leprakranke geächtet. Ihre Haut zeigte Blasen, die von Zeit zu Zeit aufplatzen. Die Flüssigkeit, die sich unter der Haut sammelt, frisst den Körper des Menschen regelrecht auf. Sie sterben einen langsamen und qualvollen Tod. Diese Leprakranken bewegten sich kriechend von Platz zu Platz. Sie schauten nicht auf ihre Körper, noch unterlagen sie ihrem Zustand. Sie entschieden sich einfach, sich vorwärts zu bewegen, drauflos zu gehen.

> *Als nun die Aussätzigen vorn an das Lager kamen, gingen sie in eins der Zelte, aßen und tranken und nahmen Silber, Gold und Kleider. (2. Könige 7,8)*

Wenn du wie diese Leprakranken einen kleinen Glaubensschritt machst, wird Gott diesen Schritt vermehren und sich selbst in dir verherrlichen. Gott sammelt und vermehrt deine kleine Handlung, um dein Unternehmen und dich zu erhöhen. Du musst einen Schritt vorwärts gehen, und Gott wird dich tausend Schritte vorwärts bewegen. Du machst einen groben Fehler, wenn du Gottes Wort kennst und damit nichts anfängst. Das bedeutet, dass du deine Mittel und Möglichkeiten nicht voll ausnützt.

Deshalb musst du heute einen Schritt tun, in Handlungen engagiert sein und glauben, dass der große Belohner deine Bemühungen honorieren wird. Ich glaube, dass der Gott, der Wunder für die Samarier bewirkt hat, das Gleiche für dich tun wird. Gott ist mehr als fähig, aus einem Nichts etwas hervorzubringen. Erinnere dich: Vor der Erschaffung der Welt war die Erde ohne Gestalt und öde, da war völlige Leere und Dunkelheit. Und Gott rief alle die schönen Dinge ins Leben, die du heute auf der Erde siehst. Auf die gleiche Art und Weise kann Gott deine Armut in Wohlstand verwandeln, deine Krankheit in Heilung, deine Schwäche in Stärke.

Lass die Geschichte der Leprakranken für dich eine lehrreiche Lektion sein. Habe keine Angst anzufangen. Mach den ersten Schritt und vertraue Gott. Handle unter seiner Salbung und mit seiner Vollmacht. Gott hat versprochen, mit dir zu sein. Hab keine Angst, neue Gebiete und Bereiche zu erkunden. Fang einfach an!

„Ich werde mit dir gehen. Ich werde dich erhalten und dir helfen. Hab keine Angst, Fehler zu machen. Geh und handle. Fürchte dich nicht. Fürchte dich nicht, auf dem Wasser zu gehen. Ich werde der feste Boden unter deinen Füßen sein. Ich werde um dich herum sein. Ich werde die Straße vor dir pflastern. Fürchte dich nicht, große Heldentaten zu tun. Fürchte dich nicht, Heldentaten in deiner Unternehmung zu tun! Fürchte dich nicht, Heldentaten in meinem Namen zu tun!“ So spricht der Geist des lebendigen Gottes.

Aus deinem Mund sollten immer das richtige Bekenntnis und die richtigen Worte kommen. Gott kann jede Situation und jeden Umstand verändern und zu deinen Gunsten wenden. Die Leprakranken, die in einer hoffnungslosen Situation waren, entschieden sich zu bekennen, dass sie nicht in dieser Situation bleiben wollten. Ihr Glaube und Bekenntnis halfen ihnen. Gib niemals die Hoffnung auf, sprich immer die richtigen Worte und das richtige Bekenntnis. Sei glaubensvoll – und wie die Leprakranken wirst du die Wunder Gottes und seine Herrlichkeit in deinem Leben sehen.

4 Ich weiß, an wen ich glaube

Darum schäme dich nicht des Zeugnisses von unserem Herrn noch meiner, der ich sein Gefangener bin, sondern leide mit mir für das Evangelium in der Kraft Gottes. Er hat uns selig gemacht und berufen mit einem heiligen Ruf, nicht nach unsern Werken, sondern nach seinem Ratschluss und nach der Gnade, die uns gegeben ist in Christus Jesus vor der Zeit der Welt, jetzt aber offenbart ist durch die Erscheinung unseres Heilands Christus Jesus, der dem Tode die Macht genommen und das Leben und ein unvergängliches Wesen ans Licht gebracht hat durch das Evangelium, für das ich eingesetzt bin als Prediger und Apostel und Lehrer. Aus diesem Grund leide ich dies alles; aber ich schäme mich dessen nicht; denn ich weiß, an wen ich glaube, und bin gewiss, er kann mir bewahren, was mir anvertraut ist, bis an jenen Tag. (2. Timotheus 1, 8-12)

Paulus war ein fanatischer Verfolger der Christen und war tatsächlich die erste Person, die einen öffentlichen Aufruhr gegen die Christen verursachte – bevor er ein glühender Anhänger des Glaubens wurde, den er einst verdammt hatte. Er sagt hier, dass er sich dessen nicht schämt, an den er glaubt. Er von allen Aposteln erlitt die meiste Erniedrigung und die meisten lebensgefährlichen Ereignisse. Er macht deutlich, dass er sich alles dessen nicht schämt wegen seines unerschütterlichen Glaubens an den Einen, der ihn aus den Todeskämpfen des geistlichen Todes errettet hat. Der einzige Grund, weshalb Paulus fähig war, trotz aller Not durchzuhalten, war, dass er an ihn glaubte, der ihn berufen und errettet hatte.

Bist du von der gleichen Art wie Paulus? Wird dein Glaube immer noch bestehen, wenn du durch die Ereignisse gehst, durch die Paulus gegangen ist? Wirst du nicht sagen, dass der Gott, dem du dienst, dich verlassen hat? Wirst du nicht gehen, um andere sichere Plätze zu finden, andere Religionen vielleicht, deretwegen sie dich nicht verfolgen werden?

Paulus ermutigt dich nicht nur, dich nicht zu schämen, sondern auch Teilhaber zu sein an den Leiden für das Evangelium. Er gibt ganz einfach diese Ermutigung, denn „ich weiß, an wen ich geglaubt habe". Wenn ein Mensch nicht weiß, an wen er glaubt oder glauben sollte, dann kann er nicht Teil des Plans dessen sein, an den er glauben sollte.

Wenn du sicher bist und du glaubst an deinen Schöpfer, deinen Retter auf diese entschlossene Art des Paulus, dann ist es egal, welches Leid oder welche Anfeindung kommt. Dein Vertrauen wird bestehen, weil du weißt, er hat dich niemals vergessen und wird dich niemals aufgeben.

> *Er hat uns selig gemacht und berufen mit einem heiligen Ruf, nicht nach unsern Werken, sondern nach seinem Ratschluss und nach der Gnade, die uns gegeben ist in Christus Jesus vor der Zeit der Welt. (2. Timotheus 1,9)*

Für Jesus bist du so wertvoll! Deshalb starb er für dich, und nicht nur das, er kannte und berief dich, bevor du jemals von ihm wusstest.

Hat dir jemals jemand in die Augen geschaut und zu dir gesagt: „Ich glaube an dich, du bist mehr, als du dir selber zutraust. Ich vertraue dir, dass du diese Situation meisterst und es richtig machst.“? Wenn dir das Menschen sagen können, wie viel mehr kann Gott das tun! Egal, was du über dich selber sagst, Gottes Vertrauen zu dir als Krone seiner Schöpfung wird niemals wanken.

> *Darum hat man mich auch in das Gefängnis geworfen. Aber ich schäme mich nicht und verliere nicht den Mut. Denn ich weiß genau, an wen ich glaube, und ich bin ganz sicher, dass Gott mich und all das, was er mir anvertraut hat, bis zum Tag seines Kommens bewahren wird. (2. Timotheus 1,12; Hoffnung für alle)*

Wenn du mit Schwierigkeiten konfrontiert wirst oder durch die unangenehmen Erfahrungen eines Paulus gehst, wird in diesen Zeiten letztlich dein Bekenntnis entscheiden, wie viel Glauben du an deinen Gott hast. Keine Mühsal des Paulus bewegte ihn jemals dazu, ein negatives Bekenntnis abzugeben. Nirgendwo wird in der Bibel berichtet, dass er sich hinsetzte, die Situation bedauerte, aufgab oder seinen Glauben verleugnete. Mit jeder Schwierigkeit wurde er stärker, tatsächlich triumphierte er in diesen Problemen, denn er sah zuversichtlich auf den, an den er geglaubt hatte.

Das Wunderbarste, das jemals einem Menschen passieren kann, ist, in Jesus einen Freund zu finden. Denn in allen dunklen Tagen bist du sicher, dass er dich durchbringen wird. Auch wenn sich deine Situation nicht ändert, bist du sicher, dass du zu einem weitaus schöneren Platz gehst, wenn du stirbst.

Manche Christen werden als „Eiscreme"-Gläubige beschrieben. Wenn alles sonnig und hell ist, dann können sie den Herrn in den höchsten Tönen preisen, aber wenn Dunkelheit und Traurigkeit kommt, dann „schmilzt" ihr Glaube und sie zweifeln, ob Gott überhaupt da ist. Einige Gläubige sind vielleicht gewohnt, nur Segen zu empfangen, sobald aber ein Problem auftaucht, beginnen sie zu murren und beklagen sich, dass der Herr sie vergessen hat. Dies sind die Gläubigen, die vorwärts gehen, solange die Straße eben ist, aber sobald der erste Felsen auftaucht werden sie nervös. Warum? Die Antwort ist sehr einfach – sie wissen nicht, an wen sie glauben.

Wenn du wirklich weißt, an wen du geglaubt hast, dann werden all diese Erfahrungen nicht zählen. Nimm dir eine Minute Zeit und stell dir vor, wie Jesus geschlagen und an das Kreuz genagelt und verlassen wird, um für dich und mich zu sterben. Sind deine Leiden in dieser Welt vergleichbar mit den Leiden Jesu für dich? Du weißt die Antwort!

> *Aber er ist um unsrer Missetat willen verwundet und um unsrer Sünde willen zerschlagen. Die Strafe liegt auf ihm, auf dass wir Frieden hätten, und durch seine Wunden sind wir geheilt. (Jesaja 53,5)*

Du sündigst fast täglich, und für diese Sünden wurde Jesus verwundet, sodass du statt Tod ewiges Leben in ihm hast. Jesus war ein Mensch ohne Sünde, ein gerechter und vollkommener Mensch. Er wurde für unsere Übertretungen verwundet und verletzt für unsere Schlechtigkeit. Er musste diese Leiden ertragen, verbrachte unseretwegen drei Tage im Totenreich. Jetzt, seit du die Wahrheit kennst, wirst du in deiner Sünde fortfahren?

Weil du weißt, dass du Gott nicht verlassen darfst, lass dich niemals auf ein Spiel mit der Welt ein! Kokettiere niemals mit Gott! Christentum ist keine Angelegenheit, bei der man halb drinnen und halb draußen ist. Diejenigen, die in der Welt sind, sind zum Scheitern verurteilt, weil alle ihre Wege zur Hölle führen. Aber durch seine Gnade sind wir geheiligt, unsere Sünde ist weggewaschen, weil wir an ihn glauben. Deshalb musst du dich fest an Jesus halten und keinem Umstand erlauben, dich von ihm zu entfernen. Wenn du zufällig ein Körnchen der Leiden trägst, die Jesus getragen hat, freue dich, dass du bevorzugt bist, für ihn zu leiden.

Warum wurde Jesus für dich verwundet? Warum wurde er geschlagen, gekreuzigt und an das Kreuz genagelt?

> *... jetzt aber offenbart ist durch die Erscheinung unseres Heilands Christus Jesus, der dem Tod die Macht genommen und das Leben und ein unvergängliches Wesen ans Licht gebracht hat durch das Evangelium. (2. Timotheus 1,10)*

Damit unsere Befreiung von der Strafe und unsere Wiederherstellung vollkommen sind, war es notwendig, den Tod abzuschaffen. Es war notwendig für Jesus, den Tod zu besiegen, damit der Tod keine Herrschaft über uns haben kann. Das bedeutet, dass Jesus den Tod völlig zerstört und ihn machtlos gemacht hat. Für Christen ist der Stachel des Todes zerstört. Mit dem letzten Atemzug des Menschen wird seine geistliche Person vom Fleisch getrennt, welches aus Staub gemacht ist. Es ist sein Geist, der in das Jüngste Gericht kommt. Die Gerechten werden ein weißes Kleid und eine Krone tragen für ihre Dienste als Diener ihres Herrn. Der ungläubige Mensch wird in die Hölle gehen für den zweiten und wirklichen Tod.

Ertrage jedes Leid, ertrage jede Situation und komm hervor als ein Sieger. Verlass niemals deine erste Liebe, glaube an ihn und liebe ihn mit deinem ganzen Herzen, deiner ganzen Seele und deinem ganzen Verstand. Wenn der Teufel zu dir mit Versuchungen kommt – anziehend und verführerisch –, hast du die Macht zu überwinden. „Ich habe einen Herrn, ihn will ich anbeten. Ich habe eine Straße zu Jesus, dem Herrn und Erretter, den ich kenne. Und keiner wird mich jemals von ihm wegnehmen. Ich weiß, was er für mich tat."

Weil nun die Kinder von Fleisch und Blut sind, hat auch er's gleichermaßen angenommen, damit er durch seinen Tod die Macht nähme dem, der Gewalt über den Tod hatte, nämlich dem Teufel ... (Hebräer 2,14)

Er akzeptierte die Strafe, er akzeptierte die Qual, er akzeptierte das Kreuz, sodass er mit seinem Tod den zerstörte, „der Gewalt über den Tod hatte". Jesus zerstörte den Tod und gab ewiges Leben durch seinen Tod und seine Auferstehung.

Hoffen wir allein in diesem Leben auf Christus, so sind wir die elendesten unter allen Menschen. Nun aber ist Christus auferstanden von den Toten als Erstling unter denen, die entschlafen sind. Denn da durch einen Menschen der Tod gekommen ist, so kommt durch einen Menschen die Auferstehung der Toten. Denn wie sie in Adam alle sterben, so werden sie in Christus alle lebendig gemacht werden. (1. Korinther 15,19–22)

Gehörst du zu der Art von Christen, die ständig über ihr Leben, ihren Ehepartner, ihre Kinder klagen, über die Miete, deine Arbeit und andere weltliche Angelegenheiten? Wenn du zu diesen Menschen gehörst, dann ist es dein Hauptbestreben, dein Fleisch zu befriedigen und deine

Wünsche zu erfüllen – bestes Auto, Haus, schicke Kleidung, viel Geld, um es auszugeben. Wenn dann irgendetwas fehlt, beginnt das Murren. Paulus sagt zutreffend:

> *Hoffen wir allein in diesem Leben auf Christus, so sind wir die elendesten unter allen Menschen. (1. Korinther 15,19)*

Als ein Kind Gottes ist es dein Recht, dich an den Reichtümern der Erde zu erfreuen, weil dein Vater versprochen hat, sie dir zu geben. Dein Vater weiß jedoch, was das Beste für dich ist. Was ist, wenn dein Vater dir Geld gibt und du weißt nicht, was du damit tun sollst oder du kannst mit Reichtum nicht umgehen? Es kann sein, dass du dich in sündige Unternehmungen verstrickst oder aus deinem Glauben zurückfällst. Zuerst danke Gott für dein Leben, für die Errettung deiner Seele und deine Berufung.

> *... denn ich weiß, an wen ich glaube, und bin gewiss, er kann mir bewahren, was mir anvertraut ist, bis an jenen Tag. (2. Timotheus 1,12)*

Paulus wusste ohne jeden Zweifel, an wen er glaubte, er wusste, wer ihn in Bewegung setzte. Wer kennt nicht die Biografie des Paulus? Er war ein hochgestellter Pharisäer und sehr gebildet, aber er ließ alles zurück, um den Einen zu suchen, der ihn gerufen hatte. Paulus, ein Verfolger der Christen, wurde ein Prediger des Evangeliums, das unter den Menschen seiner Zeit nicht populär war. Das Leben für ihn war nicht rosig von dem Augenblick an, in dem er Jesus in sein Herz gebeten hatte. Bei zwei Gelegenheiten wurde er ins Gefängnis geworfen, gesteinigt, geschlagen. Aber in all diesem verließ er niemals den Glauben, weil das Leben Christi sein Leben geworden war. Tatsächlich, sein Brief an Timotheus wurde geschrieben, als er ein Todesurteil erwartete. Viele Leute glauben, dass dieser Brief eine Hymne des Sieges ist, eine Hymne des Glaubens, eine Hymne des Feierns.

Ich sage nicht, dass du deine Arbeit verlassen sollst, um das Evangelium zu verkündigen, aber du musst in jeder Situation standhaft sein und bereit, das Evangelium zu verkündigen, auch in deinem Lebensstil.

> *... jetzt aber offenbart ist durch die Erscheinung unseres Heilands Christus Jesus, der dem Tode die Macht genommen und das Leben und ein unvergängliches Wesen ans Licht gebracht hat durch das Evangelium. (2. Timotheus 1,10)*

Paulus und die anderen Apostel lebten in diesem Wissen, und sie gingen, Licht in eine Welt zu bringen, eine Welt, die regiert wurde vom Fürsten der Dunkelheit, dem Fürsten dieser Welt. Durch dieses Wissen kannst auch du vorbereitet sein, durch die gleichen Leiden zu gehen, sodass, wenn die Zeit kommt, du als ein gehorsamer Diener vor deinem Schöpfer stehen kannst. An wen hast du geglaubt?

Zurzeit brauchst du deine Bibel oder deinen Glauben nicht zu verstecken. Zu anderen Zeiten glaubte man, das Christentum sei eine Sekte. Gläubige wurden verfolgt, gequält und hingerichtet, aber sie blieben ihrem Herrn treu. Sie freuten sich in ihren Leiden für Jesus wie Paulus. Die Zeit, als Paulus seinen zweiten Brief an Timotheus schrieb, war eine Periode großer Hindernisse in der Geschichte des Christentums. Es war der Anfang einer Massenverfolgung der Christen. Sie wurden gefangen genommen und erwarteten oft einen qualvollen Tod. Sie wurden in die

Arenen geschickt, wo wilde Tiere sie in Stücke rissen, sie wurden an Säulen gebunden und lebendig verbrannt.

Paulus diente dem Herrn ungefähr fünfunddreißig Jahre lang, und während dieser Zeit brachte er Zehntausende zu Christus. Er war entschlossen zu predigen, trotz aller Schläge und Erfahrungen der Todesnähe.

Einige finden es schwierig, das Evangelium zu verkündigen, weil sie Angst haben, was die Leute über sie sagen werden oder ihnen antun könnten. Denken wir jedoch daran, was Jesus sagt:

> *Wer sich aber meiner und meiner Worte schämt unter diesem abtrünnigen und sündigen Geschlecht, dessen wird sich auch der Menschensohn schämen, wenn er kommen wird in der Herrlichkeit seines Vaters mit den heiligen Engeln. (Markus 8,38)*

Und lesen wir die Ermahnung des Paulus:

> *Darum schäme dich nicht des Zeugnisses von unserm Herrn noch meiner, der ich sein Gefangener bin, sondern leide mit mir in der Kraft Gottes. (2. Timotheus 1,8)*

Für einige von uns ist das Wort „Leiden" eher ein Fluch. Wenn Christus betrübt werden konnte, warum kannst du es nicht?

> *Meine lieben Freunde! Wundert euch nicht über die heftigen Anfeindungen, die ihr jetzt erfahrt. Sie sollen euren Glauben prüfen und festigen. Denkt nur nicht, dass solche Angriffe etwas Außergewöhnliches sind; sie gehören zum Christsein. Freut euch vielmehr darüber, dass ihr um Christi willen leidet; dann werdet ihr auch jubeln und euch mit ihm freuen, wenn er in*

all seiner Herrlichkeit wiederkommt. Ihr dürft euch glücklich nennen, wenn man euch nur deshalb angreift und verhöhnt, weil ihr Christen seid. Daran zeigt sich nämlich, dass der Geist Gottes, der Geist seiner Herrlichkeit, bei euch ist. Freilich soll keiner von euch leiden, weil er als Mörder, Dieb oder wegen anderer Verbrechen bestraft werden musste oder weil er sich Rechte anmaßt, die ihm nicht zustehen. Wer dagegen leidet, weil er ein Christ ist, der braucht sich nicht zu schämen. Er soll Gott dafür danken, dass er zu Christus gehört ... Wer nach Gottes Willen leiden muss, der soll sich nicht davon abbringen lassen, Gutes zu tun und seinem Schöpfer in allen Dingen zu vertrauen. (1. Petrus 4,12–16.19; Hfa)

Ganz gleich, wie die Versuchung aussieht, der du gegenüberstehst – da ist jemand, an den du glaubst, und du wirst sehen, wie er dich durchbringt. Gib niemals auf! Wenn du einen Anteil an den Leiden Christi hast, freue dich. Wenn Böses über dich gesagt wird, dann freue dich, denn du bist gesegnet. Es geht hier nicht um Anschuldigungen wegen Mord oder Diebstahl oder einer anderen Straftat. Darauf kann kein Segen ruhen.

Wenn jemand weiß, an wen er glaubt, dann sind seine Worte keine Antwort auf die Wirklichkeit, die ihn umgibt, sondern eine Antwort auf das Leben, das er in Jesus empfangen hat, die Wirklichkeit des Einen, an den er glaubt. Wenn jemand weiß, an wen er glaubt, dann ist es leicht für ihn, Worte des Glaubens zu sprechen und nicht Worte der Resignation. Starker Glaube an Jesus Christus dient als eine gute Plattform für das richtige Bekenntnis. Wenn du weißt, dass du in Jesus Christus bist, und du weißt, was er für dich getan hat, dann wird dein Bekenntnis immer positiv sein.

Jesus, der für uns sein Leben gab, der Kostbare und Treue, wird er nicht alles Mögliche für dich tun, damit du ein frommes und erfülltes Leben zu führen vermagst? Wenn du weißt, an wen du glaubst, dann wirst du wissen, wie Worte des Lebens zu sprechen sind.

5 Von welchem Geist bist du?

Kinder, ihr seid von Gott und habt jene überwunden; denn der in euch ist, ist größer als der, der in der Welt ist. Sie sind von der Welt; darum reden sie, wie die Welt redet, und die Welt hört sie. (1. Johannes 4,4f.)

Wenn du jemanden zum ersten Mal triffst und mit der Person zu sprechen beginnst, dann wirst du nach fünf oder zehn Minuten einiges über sie wissen, zum Beispiel ihren Beruf. Du kannst das vielleicht erkennen durch die Sprache, die speziellen Begriffe, die die Person gebraucht. Wenn du dich mit einem Christen unterhältst, wirst du seine oder ihre Ebene des Glaubens an Gott erkennen. So sagen auch deine Worte viel über dich aus.

Sie sind von der Welt; darum reden sie, wie die Welt redet, und die Welt hört sie. (1. Johannes 4,5)

Du allein musst entscheiden, wer du bist oder wer du sein willst. Wem schenkst du mehr Aufmerksamkeit? Auf wen hörst du? Und die große Frage ist: Wer bist du? Ein Kind Gottes oder ein Kind der Welt? Woher stammst du ab, vom Königreich Gottes oder vom Königreich dieser Welt? Wem oder was du zuhörst, formt den Weg, auf dem dein Leben sich entwickeln wird.

Versuche einmal, dir selber zuzuhören, wenn du mit anderen Menschen sprichst. Du wirst zu deinem Erstaunen entdecken, dass die Dinge, die du gesagt hast, irgendwie Wirklichkeit geworden sind. Oft denken wir nicht über die Worte nach, die wir in unseren Gesprächen benutzen. Ich kenne eine Schwester, die, wenn sie gefragt wird, wer sie ist, ohne nachzudenken sagt: „Ich bin die wandelnde Unsicherheit, die Angst in Person." In meinem Gespräch mit ihr wurde mir klar, sie war genau das, von dem sie sagte, sie sei es, weil sie so sehr an all diese negativen Eigenschaften glaubte. Weil sie glaubte, das wären ihre Eigenschaften, bewegte sie sich nicht über diesen Rahmen hinaus.

Manche Christen gebrauchen Worte, vor denen Engel sich ducken. Gläubige verwenden Fluchworte – und mit demselben Mund preisen sie Gott. Wenn du wie ein Christ sprichst in der Versammlung mit anderen Christen und wenn deine Sprache sich dann plötzlich verändert, wenn du mit weltlichen Freunden zusammen bist, wer bist du dann?

In der Vergangenheit sprachst du negativ über dich selber, sprich nun positiv und nicht gemäß der Welt, sondern entsprechend Gottes Wort. Du solltest dich immer daran erinnern, dass du mit deiner Zunge dein Schicksal gestalten kannst. Du musst verstehen, dass das, was du über dich selber sagst, über andere Menschen oder über Umstände um dich herum, nicht nur reflektiert, wer du bist, sondern auch im Himmel aufgezeichnet wird.

Wenn Gott sich um die Vögel und Fische und anderen Tiere sorgen kann, wird er sich nicht um dich kümmern, der du nach seinem Bild und ihm entsprechend geschaffen bist? Diejenigen, die von der Welt sind, sprechen ohne Glauben und Hoffnung, denn die Welt kann keinen Glauben und keine Hoffnung hervorbringen, aber du hast beides: Glauben und Hoffnung. Deshalb solltest du wählen, anders zu sein.

Denke daran, nach der Nacht kommt der Tag. Dunkelheit bleibt nicht für immer. Was heute ein Glimmen ist, wird morgen ein helles Licht sein und Freude, Glück und Frieden mit sich bringen. Triff heute die Entscheidung, anders als die Welt zu sein, zu sprechen wie Gott, wie ein Priester Gottes, der du bist. Lies die Bibel und christliche Literatur, sodass du zu allen Zeiten angefüllt bist mit Worten der Hoffnung und Zuversicht.

Viele Menschen kommen in mein Büro und beklagen sich über dieses oder jenes Problem. Diese Schwierigkeiten sind in der Bibel so oft angesprochen, dass die Hilfesuchenden viele Schriftstellen für sich in Anspruch nehmen könnten, die ihre Situation verändern würden. Aber sie tun es nicht. Der Grund dafür ist: Sie haben die Worte in ihren Köpfen, aber die Worte leben nicht in ihren Herzen.

Ein Leben des Sieges ist wie eine Orange: Du kannst nicht wissen, wie die Orange schmeckt oder wie sie von innen aussieht, bis du sie entschlossen ergreifst und sie mit einem Messer durchschneidest. Du kannst ein zuverlässiges Mitglied einer Kirche sein, Gott mit deinem ganzen Herzen preisen, aber der „Geschmackstest“ deines Glaubens an Gott sind deine Probleme. Gott ist nicht so sehr interessiert an deinem Ansehen, deinem „Image“, sondern an dir. Deswegen lässt Gott Stress und Schwierigkeiten zu. Deswegen lässt er Situationen zu, die dich von allen Seiten bedrängen. Er möchte sehen, dass du festhältst, sogar unter extremen Bedingungen.

Wenn du dich fortwährend mit dem Wort Gottes füllst, christliche Literatur liest, Lobpreismusik hörst, dann wird das lebendige Wort, mit dem du dich ernährt hast, dir helfen, Probleme zu überwinden.

Ich vermag alles [zu erdulden und zu tun] durch den, der mir dazu die Kraft und Stärke gibt. (Philipper 4,13)

Wenn du möchtest, dass die Welt dich akzeptiert, dann wirst du ein Mensch der Welt werden müssen. Denke daran, dass, wenn du aus dem Königreich Gottes heraustrittst, es zu spät sein könnte, deine Schritte zu widerrufen. Wenn das Wort wahr ist, dann wird es auch eintreffen. Wenn du Gottes Kind bist und entsprechend seinem Wort handelst, dann wirst du siegreich werden. Die Probleme der Welt müssen überwunden werden; alle Ideen und Konzepte der Welt müssen überwunden werden. Ja, die Welt mag dir nicht zuhören, aber die Tatsache bleibt, dass du ein Sieger bist. Du bist den Umständen und Systemen dieser Welt nicht unterlegen, sondern die Dinge der Welt sind mit und durch Jesus unter deine Füße getan (Eph 3,22f.). Fahre fort, Gottes Wort gemäß zu sprechen, und dann kommt die Zeit des Sieges.

Wäret ihr von der Welt, so hätte die Welt das Ihre lieb. Weil ihr aber nicht von der Welt seid, sondern ich euch aus der Welt erwählt habe, darum hasst euch die Welt. (Johannes 15,19)

Es ist absolut normal, wenn die Welt dich nicht akzeptiert. Denke daran, wenn die Welt dich liebt, bedeutet das, dass du irgendwie an irgendeiner Stelle Kompromisse machst.

Gedenkt an das Wort, das ich euch gesagt habe: Der Knecht ist nicht größer als sein Herr. Haben sie mich verfolgt, so werden sie euch auch verfolgen; haben sie mein Wort gehalten, so werden sie eures auch halten. (Johannes 15,20)

Wenn die Welt jemandes Worte hoch schätzt und diesem Menschen zuhört, bedeutet das nicht, dass dieser Mensch besser ist als andere. Die Welt hört ihm vielleicht eine Weile zu, aber es wird eine Zeit kommen, wenn sie ihre Fangstricke über ihn auswerfen werden. Ich glaube, dass ich als Kind Gottes nicht besiegt werden kann, und ich will ständig im Zustand des Sieges bleiben. Deswegen mache ich keine Kompromisse mit der Welt. Wenn die Welt mir zuhört, sollte es das Wort Gottes sein, das ich spreche und dem sie zuhören. Lass sie mich misshandeln, lass sie mich auslachen, aber ich glaube fest, wer zuletzt lacht, lacht am besten.

Deswegen hör auf zu sprechen, wie die Menschen in der Welt sprechen. Triff heute eine Entscheidung, dich mit dem Wort Gottes zu ernähren, und sprich aus, was das Wort über deine Situation sagt. Hör auf, das zu sagen, was du von deinem Nachbarn hörst, aus dem Fernsehen weißt oder in Büchern liest, die von Ungläubigen geschrieben sind. Denke über das nach, was Gott über deine Situation sagt. Gestalte dein Leben neu! Höre auf die Stimme deines Vaters! Sei kein verlorener Sohn, sei ein gehorsamer Sohn:

> *Denn Gott, der sprach: Licht soll aus der Finsternis hervorleuchten, der hat einen hellen Schein in unsre Herzen gegeben, dass durch uns entstünde die Erleuchtung zur Erkenntnis der Herrlichkeit Gottes in dem Angesicht Jesu Christi. (2. Korinther 4,6)*

Gott befahl dem Licht, in der Finsternis zu scheinen. Er sah, dass Finsternis existierte, und im Gegensatz dazu schuf er Licht.

... wie geschrieben steht: Ich habe dich gesetzt zum Vater vieler Völker - vor Gott, dem er geglaubt hat, der die Toten lebendig macht und ruft das, was nicht ist, dass es sei. (Römer 4,17)

Die Bibel sagt: Gott ruft in Existenz und ruft die Dinge, die nicht sind, dass sie seien. Wenn wir Kinder Gottes sind, dann müssen wir ihn in allen Dingen nachahmen und ihm folgen, und auch in diesem Fall sollen wir handeln, wie er handelt. In Krankheit, in Gesundheit, in Armut, im Wohlstand sprich das Wort. Alles, was dir fehlt und was du zu haben wünschst, erwähne es in deinen Gebeten. Rufe es hervor, bis du es hast. Das ist dein Recht als ein Kind Gottes.

Weil wir aber denselben Geist des Glaubens haben, wie geschrieben steht: Ich glaube, darum rede ich, so glauben wir auch, darum reden wir auch ... (2. Korinther 4,13)

Denn Gott, der sprach: Licht soll aus der Finsternis hervorleuchten, der hat einen hellen Schein in unsre Herzen gegeben. (2. Korinther 4,6)

Gott sah die Dunkelheit, aber er rief sie niemals hervor. Er rief Licht hervor - das Gegenteil von dem, was er sah. Nun versichert Gott uns, dass auch wir den gleichen Geist des Glaubens haben. Ich spreche im Glauben trotz allem, was ich sehe, ich handle nicht im Fleisch, sondern im Geist. Auch wenn du es noch nicht gesehen hast, rufe es hervor, glaube, dass du es hast!

... uns, die wir nicht sehen auf das Sichtbare, sondern auf das Unsichtbare. Denn was sichtbar ist, das ist zeit-

lich; was aber unsichtbar ist, das ist ewig. (2. Korinther 4,18)

Wenn du über Ereignisse und Situationen denkst, wie Gott es tut, wird dich die Welt natürlich nicht verstehen. Jesus gab uns bereits diese Warnung:

... sondern ich euch aus der Welt erwählt habe, darum hasst euch die Welt. (Johannes 15,19)

Was erhalten die, die bis zum Ende dranbleiben?

Nur mein Knecht Kaleb, weil ein anderer Geist in ihm ist und er mir treu nachgefolgt ist, den will ich in das Land bringen, in das er gekommen ist, und seine Nachkommen sollen es einnehmen. (Num/4. Mose 14,24)

Mose sandte Männer, um das Land Kanaan auszukundschaften, das die Israeliten besitzen sollten. Auf ihrem Rückweg brachten zehn von zwölf Kundschaftern eine Botschaft der Niederlage für die Kinder Israels. Sie sagten, die Riesen in dem Land würden die Israeliten zermalmen wie Grashüpfer. Nur zwei der Spione, von denen einer Kaleb war, bekannten nicht, was sie sahen. Vielmehr sprachen sie positiv und glaubten trotz der Macht der Riesen in Kanaan, Israel könnte sie überwinden.

So wie über Kaleb wird der Herr über dich sprechen, wenn du den Geist hast, der nicht von der Welt ist. Der Geist, der in dir lebt, muss ein anderer sein als der Geist der Niederlage und der Armut, der in der Welt existiert. Kaleb hatte einen ruhigen, vertrauensvollen Geist. Er geriet nicht in Panik, wie es oft in der Welt beobachtet werden kann. Er folgte Gott völlig. Was bedeutet das? Er sprach die Worte, die Gott gefallen. Genau darin folgte Kaleb Gott völlig. Du solltest diese Art von Geist besitzen. Wenn du schon den Geist des Glaubens hast, glaube und sprich über deinen Glauben.

> *Kinder, ihr seid von Gott und habt jene überwunden; denn der in euch ist, ist größer als der, der in der Welt ist. (1. Johannes 4,4)*

Denke immer daran:

- *Du wirst in allem der Sieger sein, denn er ist treu, der es verheißen hat.*
- *Deine Worte bestimmen dein Schicksal; deine Worte charakterisieren dich.*
- *Was du sprichst, ist, was du bekommst.*
- *Jesus Christus muss in allem deine Grundlage sein, und dein Leben soll IHN widerspiegeln.*

Das Wunder von Kiew

Eine Stubenversammlung wird zur größten Gemeinde Europas

Als Gott die Gebete vieler Christen erhörte und das atheistisch-kommunistische System der UdSSR zusammenbrach, konnten viele Christen „aus dem Untergrund" an die Öffentlichkeit treten. Nicht nur die bisherigen protestantischen Gemeinden (Lutheraner, Baptisten, Pfingstler u. a.) wurden aktiv, sondern es entstanden nun auch ganz neue Gemeinden. Sie bestehen nicht primär aus Kindern und Greisen, sondern aus vielen jungen Menschen, aus jungen Familien, aus Menschen aller Gesellschaftsschichten in den besten Jahren. Diese Gemeinden besinnen sich zurück auf das Neue Testament und wollen das erleben, was Menschen zur Zeit Jesu und seiner Apostel erlebten: dass die frohe Botschaft von Gottes Liebe ihr Leben verändert, dass sie von Jesus geheilt und von Abhängigkeiten befreit werden, dass er sie mit seiner Energie erfüllt und sie neue Lebensperspektive erhalten – für dieses Leben und für die Ewigkeit.

Eine Stadt, die eine ungewöhnlich starke Veränderung erlebt hat durch viele solcher Gemeinden, ist Kiew, die Hauptstadt der Ukraine. In fast jedem Kino und Clubgebäude gibt es heute Kirchengemeinden. Eine dieser Kirchen hat besonders von sich reden gemacht – man sagt, sie sei inzwischen die größte Kirche Europas: *Posolstwo Bozhje*, die „Botschaft Gottes“, wie man auf Deutsch sagen könnte. Geleitet wird sie von dem Nigerianer Sunday Adelaja. „Ohne dass er etwas Besonderes ist“, wie er betont, hat er durch Gottes übernatürliches Eingreifen innerhalb von zehn Jahren eine Gemeinde mit inzwischen mehr als 20 000 (i. W. zwanzigtausend) aktiven Mitgliedern aufgebaut!

Etwa 300 weitere Tochtergemeinden sind inzwischen aus der Muttergemeinde entstanden. Zu ihrer Gemeinde gehören u. a. mehrere Parlamentsmitglieder sowie Top-Geschäftsleute. Jeden Tag werden ca. 2000 Menschen kostenlos gespeist. Tag und Nacht kann man sich mit Gebetsanliegen an die Gemeinde wenden.

Jedes Jahr veranstaltet die Gemeinde einen Bekenntnis-Marsch durch die Straßen von Kiew. Am 16. Mai 2004 waren ca. 50 000 Menschen dabei und haben öffentlich für ihr Land gebetet. An diesem „Marsch des Lebens“ nehmen auch viele Ex-Alkoholiker und Ex-Drogies teil, die im Rehabilitationszentrum *Lubow* (Liebe) in Kiew ein neues Leben durch Jesus Christus gefunden haben.

Welches sind die Erfolgsgeheimnisse von Pastor Sunday Adelaja?

Einen Grund für das enorme Gemeindewachstum in Kiew sehe ich in Pastor Sunday Adelajas apostolischer Berufung. Ihm ist die Gabe verliehen, andere zu motivieren, aufzubauen, zu stärken, zu ermutigen, ihnen ein Lebensziel, eine Lebensvision zu vermitteln. Nicht sich auf Kosten anderer profilieren, sondern *anderen helfen*, ihre eigene Berufung zu erkennen, ihre persönliche Führung wahrzunehmen und diese mit Disziplin, Hingabe, Gebet und Bibelstudium in der Vollmacht des Heiligen Geistes mit unerschütterlichem Gottvertrauen umzusetzen – das ist seine Passion.

Ihm geht es nicht in erster Linie um Addition, sondern um *Multiplikation*. Viele Mitstreiter der ersten Stunde tragen inzwischen Verantwortung für große Bereiche der Gemeindebewegung. Ehemalige Drogenabhängige, Alkoholiker, Obdachlose und Kriminelle sind heute als Gruppenleiter, Missionare, Pastorinnen und Pastoren eingesetzt. Das traut er ihnen zu.

Ich denke zum Beispiel ...

... an Natalia Potopayewa, eine Designerin, zweimal geschieden, die bis zu ihrem 45. Lebensjahr Alkoholikerin war. Der Alkohol beraubte sie ihrer Familie, ihres Berufes, ihrer Gesundheit und stürzte sie dafür in Depressionen und Selbstmordabsichten. Dann fand sie ihren Lebenssinn in Jesus Christus. Heute leitet sie eine Zweiggemeinde in Kyiv (Kiew) mit 3000 Mitgliedern und das angegliederte Drogenrehabilitationszentrum, in dem bereits mehr als 2500 Abhängige frei geworden sein sollen. Auf einer Landkarte zeigt sie mir die Orte, an denen „ihre" Jungs und Mädchen, die im „Love Rehabilitation Center" die von ihr entwickelte Therapie durchlaufen haben, als Pastoren und Pastorinnen dienen.

... oder an Anatoliy Bilonozhko. Seine Frau hatte in einem Gottesdienst von Pastor Sunday ihr Leben Jesus Christus anvertraut. Nun las sie in der Zeitung einen recht negativen Bericht über die Gemeinde, in der sie neues Leben gefunden hatte. So bat sie ihren Mann, mitzukommen und zu prüfen, ob sie nicht an eine Sekte geraten sei. An diesem Tag wurde ihr Mann innerlich angesprochen, er änderte sein bisheriges Leben und wurde ein überzeugter Christ. Bald darauf setzte ihn Pastor Sunday als Helfer in der Administration ein. Heute leitet er das Missionszentrum der Hauptgemeinde, dem alle auswärtigen Gemeinden unterstellt sind.

… und an die 57-jährige Valentina Schamray, die mit ihrem 68-jährigen Ehemann ein Kinderhaus leitet. Ihre Bemühungen und Erfolge erfuhren vom ukrainischen Präsidenten immerhin solche Anerkennung und Wertschätzung, dass er ihnen einen Mercedes-Bus schenkte. Diese nicht mehr ganz junge Frau hat die Vision, einmal 500 Kindern in familienähnlichen Gruppen ein behütetes und christliches Zuhause zu geben, in dem ihre Gaben gefördert und ihre Talente entwickelt werden. „Pastor Sunday weiß gar nicht, welchen Einfluss er auf unser Leben hatte", sprüht es aus der bodenständigen Visionärin. Ihre Tochter hat mit der damaligen Sozialpädagogik-Studentin Nicole Mittelsdorf aus Sachsen die Straßenkinder von Kiew aufgesucht. Nicole schrieb anschließend ihre Diplomarbeit darüber, kam danach wieder nach Kiew, intensivierte den Einsatz unter den Kindern, wurde Pastor Sundays Sekretärin und heiratete den frei gewordenen Ex-Drogi Slavik Borisuk, der Pastorin Natalias Rehabilitationsprogramm erfolgreich abgeschlossen hatte. Nicole und Slavik wurden dann nach Odessa ausgesandt, wo sie gemeinsam ein Kinderhilfswerk aufbauen.

Gerhard Bially (Herausgeber der Zeitschrift „Charisma")

Charisma-Gespräch mit Sunday Adelaja

Charisma: Pastor Sunday, wie sind Sie von Afrika in die UdSSR gekommen, und wie haben Sie den Wechsel erlebt?

P. Sunday: Sechs Monate nach meiner Bekehrung erhielt ich ein Stipendium. In glänzenden Farben ist mir die Sowjetunion vor Augen gemalt worden. So habe ich mich zu einem sechsjährigen Studium verpflichtet.

Als ich in der Sowjetunion ankam, fühlte ich mich allerdings sehr einsam. Ich kannte hier keine christliche Gemeinde, keinen Pastor. Jeden Morgen und jeden Abend fragte ich Gott, warum ich eigentlich hier bin. Dann lernte ich die Untergrundkirche kennen, und einer ihrer Leiter ermutigte mich mit den Worten: „Alles hat seinen Sinn. Wenn Gott dich hierher gebracht hat, dann hat er auch etwas mit dir vor."

Charisma: Wann und wie hat sich dann gezeigt, was Gott mit Ihnen vorhat?

P. Sunday: Zwei Wochen lang betete ich um Klarheit. Dann hatte ich in drei aufeinander folgenden Nächten das gleiche Erlebnis: In einer Vision sah ich Jesus, er sprach zu mir und sagte, er wolle mir meinen zukünftigen Dienst zeigen. Dann sah ich mich in einem Saal voller Menschen. Ich stand auf der Bühne und nannte einzelne Krankheiten, die Menschen im Publikum hatten. Ich wusste einfach, was ihnen fehlte, ohne sie zu kennen. Dann konnte ich sehen, wie Menschen im Saal aufsprangen, einige sogar aus ihren Rollstühlen, und riefen: „Ich bin geheilt!" Dann schlug ich, immer noch in der Traum-Vision, die Bibel auf und las von dem Propheten Jesaja die ersten Verse aus dem 61. Kapitel. Als ich anfing, diese Stelle zu lesen, war es, als ob tausend Stimmen ertönten: „Der Geist des Herrn ist auf mir. Er hat mich gesalbt zu predigen: den Armen die gute Botschaft zu bringen und die Verzweifelten zu trösten, die Gefangenen in die Freiheit zu rufen ..."

Ich wusste, dass dieser Text sich auf Jesus, den Messias, bezog. Doch in diesem Augenblick hatte ich den Eindruck, dass Gott ihn mir persönlich zusprach. In späteren Jahren, als ich anfing zu predigen und manchmal Zweifel oder Angst hatte, brauchte ich nur dieses Kapitel aufzuschlagen, dann spürte ich wieder die gleiche Kraft wie damals in der Traum-Vision.

Charisma: Erzählen Sie uns doch ein wenig von den Anfängen der Gemeinde.

P. Sunday: Als Gott mich berief, in Kiew eine Gemeinde zu gründen, war ich sehr furchtsam, unter anderem weil der Rassismus in Osteuropa viel stärker ist als im Westen. In den ersten Monaten ist dann auch praktisch kaum etwas geschehen. Zuerst waren wir sieben Leute, dann ein paar mehr. Die meisten von ihnen waren vom Alkohol und von Drogen gezeichnet. Weil sich kaum etwas tat, betete und weinte ich vor Gott. Eines Nachts um 3 Uhr konnte ich dann Gott zu meinem Geist sprechen hören: „Du möchtest es leicht haben. Du möchtest Erfolg sehen." Was dann folgte, war entscheidend: „Wenn du dich um diese Menschen sorgst (die am Rand der Gesellschaft stehen) und ihnen Liebe entgegenbringst (so dass sie wieder aufblühen), dann will ich dir später die Elite senden, die Gebildeten, Politiker, Millionäre ..."

So ist es tatsächlich geschehen: Heute haben wir Mitglieder, die in dieser Nation bekannt sind. Gott hat das getan!

Charisma: Worin sehen Sie die stärkste Kraft Ihrer Gemeinde?

P. Sunday: Die stärkste Kraft unserer Gemeinde besteht darin, eine Missionsgemeinde zu sein. Um dahin zu kommen, sind meines Erachtens drei Dinge nötig:

1. *Die Entscheidung, dem Missionsauftrag Jesu Christi (Matthäus-Evangelium, Kap. 28) und dem in der Bibel offenbarten Willen Gottes von ganzem Herzen zu folgen.*
2. *Nicht im natürlichen Bereich, also durch das menschlich Machbare „Erfolg" suchen, sondern „Gott suchen", bis er uns seine Vollmacht gibt, damit wir in seinem Namen reden und handeln können - mit den entsprechenden Resultaten.*
3. *Festes Vertrauen, dass unsere Mitmenschen die Gute Botschaft, die wir vermitteln, brauchen und dass sie nur darauf warten, ein von Heilungen und anderen Kraftwirkungen Gottes bestätigtes Evangelium zu hören.*

Die Fragen stellten Charisma-Herausgeber Gerhard Bially und Pastor Klaus-Dieter Passon.

Fragen, die häufig gestellt werden

Häufig haben Menschen, die zum ersten Mal in unsere Gottesdienste kommen, viele Fragen. Pastor Sunday und seine Mitarbeiter sammelten die ihnen häufig gestellten Fragen und beantworten sie hier primär mit Bibelstellen. Der Text ist leicht gekürzt und bearbeitet von Gerhard Bially.

1. Wenn es nur einen Gott gibt, warum unterscheiden wir dann Gott den Vater, Gott den Sohn und Gott den Heiligen Geist?

Der menschliche Verstand kann sich Gott nicht vorstellen und ihn nicht begreifen, weil er keine materielle, sondern eine geistliche Person ist. Nur durch den Glauben können wir die biblische Wahrheit annehmen, die besagt, dass es einen Gott gibt und dieser Gott sich in drei Personen äußert: in der Person des Vaters, in der des Sohnes (Jesus Christus) und in der Person des Heiligen Geistes. Dem Wesen nach sind sie eins, untereinander gleich und ewig.

> *Der Herr ist unser Gott, der Herr allein. (Deut/5. Mose 6,4)*
>
> *Und als Jesus getauft war, stieg er alsbald herauf aus dem Wasser. Und siehe, da tat sich ihm der Himmel auf, und er sah den Geist Gottes wie eine Taube herab-*

fahren und über sich kommen. Und siehe, eine Stimme vom Himmel herab sprach: Dies ist mein Sohn, an dem ich Wohlgefallen habe. (Matthäus 3,16 f.)

2. Ist es unerlässlich, die Kirche/Gemeinde zu besuchen, oder reicht es auch, zu Hause die Bibel zu lesen und zu beten?

Die Bibel nennt einige Bedeutungen für den Begriff „Kirche/Gemeinde“: Tempel Gottes, Familie Gottes, Braut des Lammes (Christi), Leib Christi. Dieses Wissen hilft uns, zu begreifen, wie Gott die Gemeinde sieht. Durch sie möchte er seine Pläne auf der Erde erfüllen und sein Reich bauen.

Die Jünger und Nachfolger Jesu Christi waren beständig im Tempel, sie lernten aus dem Wort Gottes und hatten enge Gemeinschaft miteinander.

Sie blieben aber beständig in der Lehre der Apostel und in der Gemeinschaft und im Brotbrechen und im Gebet. Und sie waren täglich einmütig beieinander im Tempel und brachen das Brot hier und dort in den Häusern, hielten die Mahlzeiten mit Freude und lauterem Herzen. (Apostelgeschichte 2,42.46)

In der Gemeinde können wir geistlich wachsen und stark werden, dazu empfangen wir auch Ermutigung und Hilfe, um verändert zu werden.

... und nicht verlassen unsere Versammlungen, wie einige zu tun pflegen, sondern einander ermahnen ... (Hebräer 10,25)

Jeder Gläubige soll aktiv am Leben der Gemeinde teilnehmen und den anderen Menschen mit den Gaben und Fähigkeiten, die ihm der Herr geschenkt hat, dienen.

Und Gott hat in der Gemeinde eingesetzt erstens Apostel, zweitens Propheten, drittens Lehrer, dann Wundertäter, dann Gaben, gesund zu machen, zu helfen, zu leiten und mancherlei Zungenrede. (1. Korinther 12,28)

Außerhalb der Gemeinde ist es kaum möglich, dass sich die Ziele und Absichten Gottes für das Leben des Einzelnen erfüllen.

3. Wie kann man Gottes Stimme hören?

Gott teilt sich auf vielerlei Arten den Menschen mit. Am häufigsten gebraucht er das innere Zeugnis, die Stimme des Gewissens und die Stimme des Heiligen Geistes. Insbesondere redet Gott zum Menschen durch die Heilige Schrift – die Bibel. Diese und die anderen übernatürlichen Arten der Kommunikation Gottes mit dem Menschen finden Sie ausführlicher erklärt in den Büchern von S. Adelaja „Wie man die Stimme Gottes hört" und „Die Person des Heiligen Geistes".

4. Ist es unverzichtbar, in Zungen zu reden [auch Sprachengebet genannt]?

Das Gebet in Zungen [Sprachengebet] ist das Vorrecht eines Christen, der im Heiligen Geist getauft ist. Es ist eine Quelle der Kraft für jeden, der an Jesus Christus glaubt. Gott hat uns die Gabe der Zungenrede zur Erbauung gegeben.

Denn wer in Zungen redet, der redet nicht für Menschen, sondern für Gott; denn niemand versteht ihn, vielmehr redet er im Geist von Geheimnissen. Wer in Zungen redet, der erbaut sich selbst. (1. Korinther 14,2.4)

Die Zungenrede ist ein wichtiger Teil des Gebetslebens eines Christen. Der Apostel Paulus bekennt von sich, dass er mehr in Zungen betet als andere.

> *Ich danke Gott, dass ich mehr in Zungen rede als ihr alle. (1. Korinther 14,18)*
>
> *Denn wenn ich in Zungen bete, so betet mein Geist; aber was ich im Sinn habe, bleibt ohne Frucht. Wie soll es denn nun sein? Ich will beten mit dem Geist und will auch beten mit dem Verstand; ich will Psalmen singen mit dem Geist und will auch Psalmen singen mit dem Verstand. (1. Korinther 14,14f.)*

5. Warum singen alle Anwesenden während des Lobpreises?

Gott möchte von jedem, der auf der Erde lebt, angebetet werden. Die Bibel sagt:

> *Lobsinget dem Herrn, ihr seine Heiligen, und preiset seinen heiligen Namen! (Psalm 30,5)*
>
> *Alles, was Odem hat, lobe den Herrn! (Psalm 150,6)*

Wenn Menschen zur Versammlung in die Gemeinde kommen, lobpreisen sie Gott, sie singen ihm Lieder, sie bedanken sich für alles, was der Herr für sie getan hat. Um der Gemeinde zu helfen, gemeinsam als Gruppe im Takt und musikalisch ansprechend zu singen, leitet eine Lobpreisgruppe den Lobpreis.

6. *Warum erheben viele Gläubige die Arme, klatschen in die Hände, jauchzen und tanzen, während sie Gott anbeten und preisen?*

Unser Lob und die Anbetung, die wir an Gott richten, sollen unsere Liebe und Achtung zu ihm ausdrücken. Gott hat uns unterschiedlich gemacht. Jeder Mensch ist einzigartig und einmalig. Deswegen möchte Gott, dass jeder von uns seine Liebe zu ihm so ausdrückt, wie es uns unser Herz „zeigt“:

> *Singen – Ich freue mich und bin fröhlich in dir und lobe deinen Namen, du Allerhöchster. Lobet den Herrn, der zu Zion wohnt; verkündigt unter den Völkern sein Tun! (Psalm 9,3.12)*
>
> *Jauchzen – ... jauchzet Gott mit fröhlichem Schall! (Psalm 47,2)*
>
> *Hände zum Himmel aufheben – So will ich dich loben mein Leben lang und meine Hände in deinem Namen aufheben. (Psalm 63,5)*
>
> *Händeklatschen – Schlagt froh in die Hände alle Völker ... (Psalm 47,2)*
>
> *Mit Musikinstrumenten – Lobet ihn mit Posaunen, lobet ihn mit Psalter und Harfen! Lobet ihn mit Pauken und Reigen, lobet ihn mit Saiten und Pfeifen! Lobet ihn mit hellen Zimbeln, lobet ihn mit klingenden Zimbeln! (Psalm 150,3-5)*
>
> *Knie beugen in Verehrung vor Gott – Kommt, lasst uns anbeten und knien und niederfallen vor dem Herrn, der uns gemacht hat. (Psalm 95,6)*
>
> *Im Tanzen – Sie sollen loben seinen Namen im Reigen, mit Pauken und Harfen sollen sie ihm spielen. (Psalm 149,3)*

7. *Wie kann ein Mensch sicher sein, dass er errettet ist?*

Die Antwort auf diese Frage gibt die Bibel:

> *Sie sprachen: Glaube an den Herrn Jesus, so wirst du und dein Haus selig! (Apostelgeschichte 16,31)*

Die Errettung hängt nicht vom Menschen ab, sie ist Gottes Gabe. Gott sagt zu uns:

> *Denn aus Gnade seid ihr selig geworden durch Glauben, und das nicht aus euch: Gottes Gabe ist es. (Epheser 2,8)*

Gott will alle Menschen erretten, aber er gibt jedem Menschen das Recht, seinen Lebensweg selbst auszuwählen. Die Errettung anzunehmen ist nur der erste Schritt im Leben eines Christen. Das Wichtigste ist, dieses kostbare Geschenk Gottes zu bewahren.

8. *Was ist Sünde?*

Sünde ist Ungehorsam gegenüber den Geboten Gottes, seinen Verhaltensregeln oder besser gesagt: Seinen Weisungen. Jeder Mensch ist sündig und verdient deshalb die Strafe für sein verkehrtes Verhalten. Nur dadurch, dass er Jesus Christus als den Herrn und Heiland annimmt, wird der Mensch von der Macht und der Sklaverei der Sünde befreit, denn Jesus, der ganz ohne Sünde war, nahm die Sünde der Welt auf sich.

> *Am nächsten Tag sieht Johannes, dass Jesus zu ihm kommt, und spricht: Siehe, das ist Gottes Lamm, das der Welt Sünde trägt! (Johannes 1,29)*

> *Und sie wird einen Sohn gebären, dem sollst du den Namen Jesus geben, denn er wird sein Volk retten von ihren Sünden. (Matthäus 1,21)*

Wenn Sie Jesus Christus noch nicht als Ihren Herrn und Erlöser angenommen haben, so laden wir Sie ein, sich im Gebet an ihn zu wenden. Wenn es Ihnen eine Hilfe ist, können Sie das unten stehende Gebet zu Ihrem Gebet machen. Gott gibt Ihnen dann die wahre Freude, seinen Frieden und ewiges Glück. Nur in Gott können Sie Antworten auf alle Fragen finden, er allein kann alle Ihre Probleme lösen. Mit Gott zu leben und auf ihn zu vertrauen, gibt Ihrem Leben Halt und Zukunftsperspektive. Gott liebt Sie und er wartet auf Sie.

GEBET

Himmlischer Vater! Ich komme zu dir im Gebet und begreife, dass ich völlig sündig bin. Ich glaube deinem Wort. Ich glaube, dass du jeden aufnimmst, der zu dir kommt. Herr, vergib mir alle meine Sünden, sei mir gnädig. Ich will mein vorheriges Leben nicht festhalten. Ich will dir gehören. Jesus, komm in mein Herz, reinige mich. Sei mein Heiland und Hirte. Führe mein Leben. Ich bekenne: Du, Jesus Christus, bist mein Herr. Ich danke dir dafür, dass du mein Gebet hörst, und nehme deine Rettung an. Ich danke dir, mein Heiland, dafür, dass du mich so angenommen hast, wie ich bin. Amen.

Wenn Sie dies aufrichtig gebetet haben, so hat Gott Sie erhört und er hat Ihnen alle Ihre Sünden vergeben. Gott ist jetzt Ihr Vater, und Jesus – Ihr Freund. Lesen Sie nun in der Bibel, vielleicht mit einem Evangelium beginnend. Leben Sie mit Gott, beten Sie täglich. Und bitten Sie den Vater im Himmel auch, dass er Sie mit seinem Heiligen Geist erfüllt und Sie in eine lebendige christliche Gemeinde führt, wenn Sie noch keiner angehören. Wir beten für Sie, liebe Leserin, lieber Leser, und wünschen Ihnen von Herzen Gottes Segen.